なぜ部下は不安で不満で無関心なのか

メンバーの「育つ力」を育てるマネジメント

株式会社ジェイフィール
片岡裕司　山中健司

日本経済新聞出版

はじめに◎〝上司であることが難しい時代〟の新しいマネジメント

皆さん、こんにちは。株式会社ジェイフィールの片岡裕司です。組織開発、人財育成のコンサルタントとして20年近く、職場のさまざまな課題に向き合ってきました。

そんな私がここ数年、強く実感するのが、働く人の意識、職場の空気の変化です。

以前は職場にいろいろな〝感情〟がありました。ギスギスした不満の感情もあれば、イキイキとした活力のある感情もありました。不満の多い職場はいい場ではありませんが、その奥底にはよい職場に変えたいという活力があるともいえます。

しかし今、急増しているのは、**「安心をつくるため、本音を隠す職場」**です。

そうした職場は、関係性は悪くないけれど、どこか距離があります。見えない壁があって、働く人は気軽に真面目な話ができない、**１ｏｎ１を重ねても真の対話ができない**孤独な状態に置かれています。

第一線の管理職（課長、マネジャー）にとっては、受難の時代でもあります。

価値観や考え方の異なる部下（メンバー）に丁寧に寄り添い、エンゲージメントを高め、キャリア自律を促し、離職率を下げ、業績目標を達成する。会社からは、まるでジャグリングのような複雑なマネジメントを求められます。働き手不足が顕著になり、会社主導での考え方が通用しなくなっている中、部下指導がハラスメントととられたり、メンタルヘルスの問題に発展する可能性も高まっています。

こうした時代背景にプラスして、昨今ブームとなった**「心理的安全性」が本質と異なる形で広がった**ことも、「本音を隠す」職場の増加に影響しているでしょう。

不満の背景にあるのは不安。それが高じて無関心

これは、私たちジェイフィールが2024年5月に実施した「『人・組織・コミュニティ』に関する調査（「職場の分断調査」）」でも実証されました。

上司に本音を話せる人は全世代平均でわずか18%。逆に部下に対して本音で話せている上司は17%と、さらにそれを下回る数字となっています。8割以上の人が、本音を隠して職場で過ごしているのです。これがどれほど**不健全でストレスフル**なことであるか。当事者である皆さんならよくおわかりのはずです。

そんな厳しい環境の中で「それでもなんとかしたい」と思っている自分をほめてあげて

ください。それほど**マネジメントという仕事の難易度が上がっている**のです。

本書のタイトル『なぜ部下は不安で不満で無関心なのか』には、職場でお互いの感情が見えなくなっているリアルを伝える意図があります。

誰も本音を話してくれない。だからどんな感情を持っているかもわからない。だけど問題になるのが怖くて一歩踏み出せない。そんな負の連鎖があちこちで起き始めています。

コンサルティングの現場でメンバーの方々の声を聴いていくと、以前は会社、職場、仕事の「愚痴」や「不満」がすぐに聞こえてきました。しかし今は最初、多くの人が「無関心」「無反応」を装います。「別に……」というやつです。そこから丁寧に深掘りすると多くの人が「不満」を口にし始め、さらに深掘りするとその奥底に「不安」という曲者が見えてきます。多くの人が「不安」に耐えられなくなり、「無関心」を装っているのです。

この**「不安」という化け物を退治する**ことが、さまざまに横たわるマネジメントの問題を一気に解決するカギとなります。

メンバーが自走するために必要な5要素

「不安」なメンバーに、リスキリングやキャリア自律の話をしても、もっと不安になるだけです。危機を煽《あお》るようなメッセージは、この時代には逆効果しかありません。

人生100年時代、技術進化が速い中で、多くの人が猛烈にキャリアに不安を覚えています。だからこそ、**目の前の仕事で成長**している。そして**今後どのような環境になっても自分自身の成長を通じて乗り越えていける。**シンプルですが、**こんな実感をつくり出せるとメンバーは自走**し始めます。

新しい環境には新しいマネジメントの方法論が必要です。

本書では、まず序章、第1章で時代の変化とメンバーの心のうちを解説、第2章〜第6章で新しいマネジメントの方法論を次の5つのステップで紹介していきます。

ステップ1　「目標のすり合わせ」ではなく「目的を育む」

ステップ2　「強み」ではなく「持ち味」を活かす

ステップ3　「内発的動機」ではなく「内面化動機」を引き出す

ステップ4　「成功思考」ではなく「成長思考」を育む

ステップ5　「明確に目標を絞る」のではなく、多様な視点から「可能性」を広げる

この方法論は、多くの企業で採用いただいている私たちの人財育成プログラムをベースに、ここ数年の職場、働き方、キャリア意識の変化を取り入れてパワーアップしたものです。

これを取り入れることで、本音で話ができる関係性が生まれ、メンバーの自己肯定感が育まれ、モチベーションが上がり、壁を乗り越える力、自分を成長させ続けたいという気持ちが生まれます。**困難を極めていたマネジメントがとても楽しくなってきます。**

また、第7章では、関わり方が難しいメンバーへの接し方を、コーチングと臨床心理学の視点を交えケーススタディとしてまとめました。**目の前に〝困ったメンバー〟がいて頭を抱えている**方は、まずここから読んでいただくと突破口が見えるかもしれません。

私たちジェイフィールの仕事は、働く人と組織を「元気」にすることです。「元気」にするというと少し軽く聞こえるかもしれませんが、実はとても難しいことです。「業績をよくする」とか「組織を強くする」というフレーズを掲げる同業者もいますが、私たちは、一人ひとりの社員を元気にし、そこから職場の関係性をよくし、結果、強い組織をつくり上げ、最後に業績につなげていくということにこだわっています。

さあ、一緒に取り組んでいきましょう。必ず大きな成果につながるはずです。

２０２４年10月

片岡裕司

なぜ部下は不安で不満で無関心なのか　目次

序章 部下の「不安・不満・無関心」の背景にあるもの

第1章 メンバーの「育つ力」を育てるとは

第2章 ［心の安全基地］「キャリアの目的」を共有することで心理的安全性を築く

第3章

〔本物の自己理解〕

「持ち味」を発見して、自己肯定感を育む

ステップ2　「強み」ではなく「持ち味」を活かす

第4章 【挑戦する勇気】「内面化動機」で「やる気」を引き出す

ステップ3 「内発的動機」ではなく「内面化動機」を引き出す

第5章

壁を乗り越えるための自己効力感を育む

［折れない気持ち］

ステップ4　「成功思考」ではなく「成長思考」を育む

第6章 ［さらなる成長］キャリアの可能性を広げて、メンバーを成長軌道に乗せる

ステップ5 「明確に目標を絞る」のではなく、多様な視点から「可能性」を広げる

第7章 「困ったメンバー」との向き合い方

コーチングと心理学的視点をマネジメントに活かす

巻末資料

「キャリアの目的」を探求する2つの方法

装画◎水元さきの
装幀◎鈴木大輔(ソウルデザイン)
本文設計・DTP◎ホリウチミホ(nixinc)
校正◎内田翔

序章

部下の「不安・不満・無関心」の背景にあるもの

竹田課長の憂鬱

「部下に気を遣うのは正直疲れます」

皆さん、こんにちは。竹田といいます。竹田一郎です。

今年で45歳、このたび課長になりました。

同期が次々に昇格するのを横目に、「出世が目標で働いているわけじゃない」「課長になんてならなくてもいい」とよく居酒屋でグチっていましたが、実際昇格するとやっぱりうれしいものです。

そんなやや遠回りをして課長になった私には密かな思いがありました。それは部下がイキイキと前向きに働くことができ、一人ひとりが成長を楽しめる職場にすることです。

少し「きれい事」に聞こえるかもしれませんが、仕事の醍醐味は「チャレンジすること」「成長すること」にありますよね。だから「部下の成長を支援したい」と強く思っています。

長い間、「部下」をしてきましたので、たくさんの上司に仕えてきました。本当にとんでもない上司もたくさんいました。

パワハラまがいの説教で進め方を押しつけておいて、成果が出ないとおまえが悪いと言い出す上司。逆に、難しい案件を部下に任せるのが怖くて抱え込み、突然仕事が爆発する上司。おかしな人がたくさんいました。

そんな中で、尊敬できる上司の職場はいつも活気にあふれ、コミュニケーションにあふれ、何より成長とやりがいにあふれていました。

結果はどうなるかわかりませんが、自分が理想と思うマネジメント、職場づくりに挑戦したい。そんな風に思っていました。

しかし、この「きれい事」は着任初日から打ちのめされることとなりました。

私には6人の部下がいます。自分より年上が3人、30代が2人、20代が1人という構成です。職種はSE（システム・エンジニア）ですが、システムをつくる部門ではなく、営業部隊で提案の支援やお客さんからの技術的な質問に対応する部門です。

まずは着任の挨拶とキックオフということで、引継ぎ後の私の出社日に2時間ほどのミーティングを設定することにしました。月曜日、朝9時30分からのスタートです。

本当は9時からとしたかったのですが、朝イチだといやがられるかなと思い気を遣いました。「初顔合わせなのでリモートではなく、リアルでのミーティングでお願いします」。そう1週間ほど前にメールで連絡しました。スケジュールを確認する限り全員参加できそうです。しかし……。

最年少24歳の相馬さんからは、

「月曜の9時30分に出社は厳しいです。リモートか午後でお願いできませんか？」

48歳で中堅の南原さんからは、

「2時間は長すぎだろう。みんな忙しいのだから、顔合わせなら30分くらいでいいんじゃないか。アジェンダを見て判断するから送ってください」


思わず目を疑ってしまいました。午前の会議は無理？　寝ているんでしょうか？

会議のアジェンダを見て判断するって、まるで壁のある他部署とのやり取りです。

早くメンバーと「いいチーム」をつくりたいとはやっていた私の心は不安でいっぱいになりました。

1

〝上司〟であることが何よりも難しい時代

まずはあなた自身をほめてあげてください

竹田課長は波乱の船出を迎えているようです。

「課長は罰ゲーム化している」という論調もある昨今、本書を手にとられた皆さんも日々、悩み苦しむことが多いでしょう。

そんな皆さんにまずお伝えしたいことがあります。

現場の最前線で多様なメンバーをマネジメントする皆さんは、一筋縄ではいかない難しい仕事をしています。その上、プレイングマネジャーとして業績面での大きな責任も担わされているはずです。
まずそれについて、自分で自分をほめてあげてください。

もちろん以前から現場の最前線であるファーストラインの管理職は簡単な仕事ではありませんでした。しかし、**現在のマネジメントは、かつての比ではないほど困難**なものです。

あるとき、人事のプロフェッショナルの方がこんな趣旨のことをおっしゃっていました。「管理職のスキルを学ぶなら、取締役から始めて、執行役員、部長と経験し、最後に最難関の課長に挑戦するのが正しい時代に入っています」

現実とは正反対のアプローチですが、私には現状の本質を突いているものと感じられました。それほど課長が担うマネジメントが大変だということです。

一般的に部長職以上になると、直属の部下は全員管理職です。ある意味そこは、優秀で同じ意識の人たちの集まりです。やるべきことは何かを議論し、方向性を決めて動いていくという点で大きなズレを感じることはない世界です。

一方、課長、すなわちファーストラインの管理職は違います。仕事への姿勢、会社への帰属意識、成果を出すことへの責任感……。**何をとってもメンバー一人ひとりが違う考え**

方を持った集団です。そのメンバーをマネジメントして仕事を進めていくことが本当に難しくなっています。

課長がもっとも難易度の高いメンバーを抱えるポストになっているということです。

職場から消えた「熱量」

ファーストラインの管理職と現場の意識の溝は以前からありましたが、コロナ禍で進んだ働き方改革を通じて、さらに大きいものになりました。

冒頭の竹田課長の話ではありませんが、「午前中のミーティングは勘弁してください。頭が回っていないんで」というメンバーのセリフは、実際私たちが担当する新任マネジャー研修で何度も聞いたものです。リモート会議で画面をオンにしてくれないので、メンバーの顔は社員名簿でしか見たことがないなんていう笑い話もあります。

アフターコロナとなり、出社を前提とする職場も増えてきましたが、かつての熱量は多くの職場から消えているように感じます。日々、実感する方も多いのではないでしょうか。

そうした状況の中、何とかしたいという気持ちがありつつも、どうしてよいかわからない。自分もプレイヤーとして働き、折れそうな気持ちと闘いながら毎日を過ごしているマネジャーの皆さんは本当に大変だと思います。

本書で提案するのは、そうした**皆さんを支援する新たなマネジメントの手法**です。

「静かなる分断」が仕事のやりがいを奪う

私（片岡）は２０２１年に『「目標が持てない時代」のキャリアデザイン』という書籍を出版し、おかげさまでたくさんの方にご支持いただくことができました。

長い間、日本社会は目標が持ちやすい環境でした。終身雇用が前提で、薄まりつつも年功序列が完全に消えたわけではなく、何となく次のステップを見通すことができました。しかし人生１００年時代化と、コロナショックのひと押しもあり、会社と個人の関係も仕事と個人の関係も、ジョブ（職務）を明確に定め、ジョブに報酬を紐づける契約型の人事制度に徐々にシフトしてきています。

２０２１年のパーソル総合研究所の調べでは、従業員３００名以上の大企業で57・６％の会社がすでにジョブ型の人事制度を導入済み、あるいは導入検討中と答えています。

この仕組みには、**今まで大切にされてきた「職場」という場の概念がありません。**あくまでジョブとそれを実行する人間という関係です。多くの職場で、自分のやるべき仕事を明確にして、それを各自がやるという働き方に進みつつあるのです。

こんな状況を私たちは職場の「静かなる分断」と名づけました。

自分のペースで自分の仕事だけをすればよいので効率的で、ストレスが少ないというよい面もあるでしょう。

しかし、分断された働き方では、協力して、知恵を出し合って難しい問題にあたることが困難になります。またお互いの仕事が見えにくく、助け合いだけでなく、認め合う機会も少なくなっています。結果、**仕事のやりがいが見えない人が増えている**のです。

各自のジョブ、職務が明確になることで、マネジャーにとってよい面もあります。部下がやるべきことが明確になるので、結果評価がシンプルになること、さらにマネジャーとしても、自分の業務も明確になることで楽になる部分もあるかもしれません。

ジョブ型への移行でマネジャーの負担が増大

しかし、このような状態でこれからの経営環境を乗り越えられるかは残念ながら別の話です。

変化の激しい時代、年初に決めた業務を粛々とこなせばいいという職場はどんどん少数派になっていきます。変幻自在に役割を変えて、ゴールを目指すサッカーチームのような職場に進化するには、ジョブの明確化はむしろ逆効果です。

またジョブ型の職場はマネジャーとメンバーの1対1の関係が中心になります。もちろんこの関係は大切ですが、**メンバー同士の協力、サポートがどんどん薄くなる**方向に進んでしまいます。結果、マネジャーの皆さんの負担は何もしないとどんどん大きくなってしまうのです。

2

「ゆとり」ができれば人は自然に成長する？

「ゆとり教育化」する職場

今、多くの企業が「働き方改革」の御旗のもと、生産性を高め、残業時間を減らし、「ゆとり」を職場につくることで、新たなスキルの獲得やイノベーションを促進する創造性を組織に生み出そうとしています。

本来、「働き方改革」とは、「少子高齢化に伴う生産年齢人口の減少」や「育児や介護との両立など働く人のニーズの多様化」といった課題解決に向け、働く人がそれぞれよりよい将来の展望を持てるようにしていく改革を指すものです。この趣旨だけでいえば、有休取得の自由度の向上やハラスメント対応などどんどん進めるべきことです。

しかし、実際の職場では、一般職の残業禁止など極端な形で落とし込まれているはずです。結果、若手には残業させられず、マネジャーである皆さんが仕事を抱え込む状態になっていないでしょうか。

また、**メンバーが毎日定時で帰宅していて、これで本当に大きく成長するような経験が積めるのだろうか**という疑問の声も多く聞きます。

ひと昔前に比べると職場に「ゆとり」は生まれています。

いや、ちょっと違いました。

残業ができないので職場には「ゆとり」はありません。ただ、マネジャー以外の個々人には「ゆとり」が生まれているはずです。

しかし、それだけで、メンバーの成長する意欲、学ぶ意欲、そして働きがいが生まれていくのでしょうか。それは、まったく別の話です。

「ゆとり」をつくれば、学ぶ意欲が高まり、主体的、内発的に学ぶというロジックには疑義を抱かざるを得ません。

かつての「ゆとり教育」改革の結果、「もっと勉強したい」という子どもの割合が低下したという状態とよく似ていると個人的には考えています。

ここでいいたいのは、時間的に「もっと働け」ということではありませんし、「ゆとり」があることはとても大切です。

しかし、**一人ひとりが「仕事が楽しい」と思え、自分を成長させていきたいという意欲を持てるようになるには別の要素が必要**になるということです。

それがなければ、ただ働く量が減ったという結果に終わりかねず、依然としてマネジャーだけが大変という事態が続くのです。

3 キャリア自律が「主体性」を摘み取る

「不安」しかない中で「将来ありたい姿」は描けない

マネジャーの皆さんがもっと楽になり、もっと前向きに仕事に取り組めるようになるにはどうすればいいか。

それには、メンバーの「キャリア自律」を促し、自ら学び、より高度な仕事に自ら取り組める機会をつくり出し、メンバーの主体的な成長を実現する、ことです。

この状態がまさに、本書の副題にある**「育つ力」が育った状態**です。こうなれば、基本的に**メンバーは自走**を始めます。

昨今、企業でも、働く人の一人ひとりが自らのキャリアについて主体的に考え、主体的にキャリア形成に取り組む、いわゆる「キャリア自律」の推進が命題となり、研修を実施したり、相談窓口を設けたりと積極的に取り組むようになっています。

しかし、ここに落とし穴があります。

主体的な行動を生み出していくには、「こんな自分になりたい」という目標が大切です。**ワクワクする目標こそ、人が主体的に成長する原動力**になるからです。

曲者なのが「こんな自分になりたい」という「将来ありたい姿」です。

ご承知の方も多いでしょうが、2013年にオックスフォード大学のマイケル・A・オズボーン教授が、AIの登場で49％の仕事がなくなると指摘しました。また後の研究では、2030年には18・7％～21・2％程度がなくなるともいわれています。

そんな環境下で、将来にワクワクできる人がどれくらいいるでしょうか。

不安を抱えたまま、将来の自分を〝自律的に〟デザインしなさいといわれたとしたら？**自分を守るため、そして見える範囲の現実的な姿しか描けなくなります。**「今の業務を続けながら、3年後にはもう少しだけ業務の幅を広げたい」「特にやりたい仕事はないが、やりたくない仕事はある。そういう環境に置かれたらすぐに転職する」などです。

これを、心理学用語で**「トンネリング状態」**といいます。トンネルの中にいて外が見えない状態です。本来、キャリア自律は自分の可能性を広げていくことが大切なのですが、皮肉なことに、自分自身の視野を狭める結果に終わってしまっているのです。

「キャリア自律を図らなければこれからの時代を生き延びることができない」とメンバーの危機感を煽る組織があるかもしれません。

こうした煽りが逆効果にしかならないことは研究でも実証されています。詳しくはコラム１で説明します。

Column 1

キャリア自律と組織コミットメント

社員がキャリア自律を促進すると企業のパフォーマンスは上がるのでしょうか。

これについて興味深い示唆を与えてくれるのが筑波大学の堀内泰利先生、岡田昌毅先生の論文「キャリア自律が組織コミットメントに与える影響」です。

キャリア自律を促進すると、「功利的コミットメント」、つまり自分勝手で利己的な行動をとる人が増えるのか、「情緒的コミットメント」、つまり企業に対して高い貢献をする人が増えるのかを調査した研究です。ポイントを申し上げると、

・現状のキャリアをポジティブに捉えられていたり、今後のキャリアのビジョンが持

図序-1　キャリア自律と組織コミットメント

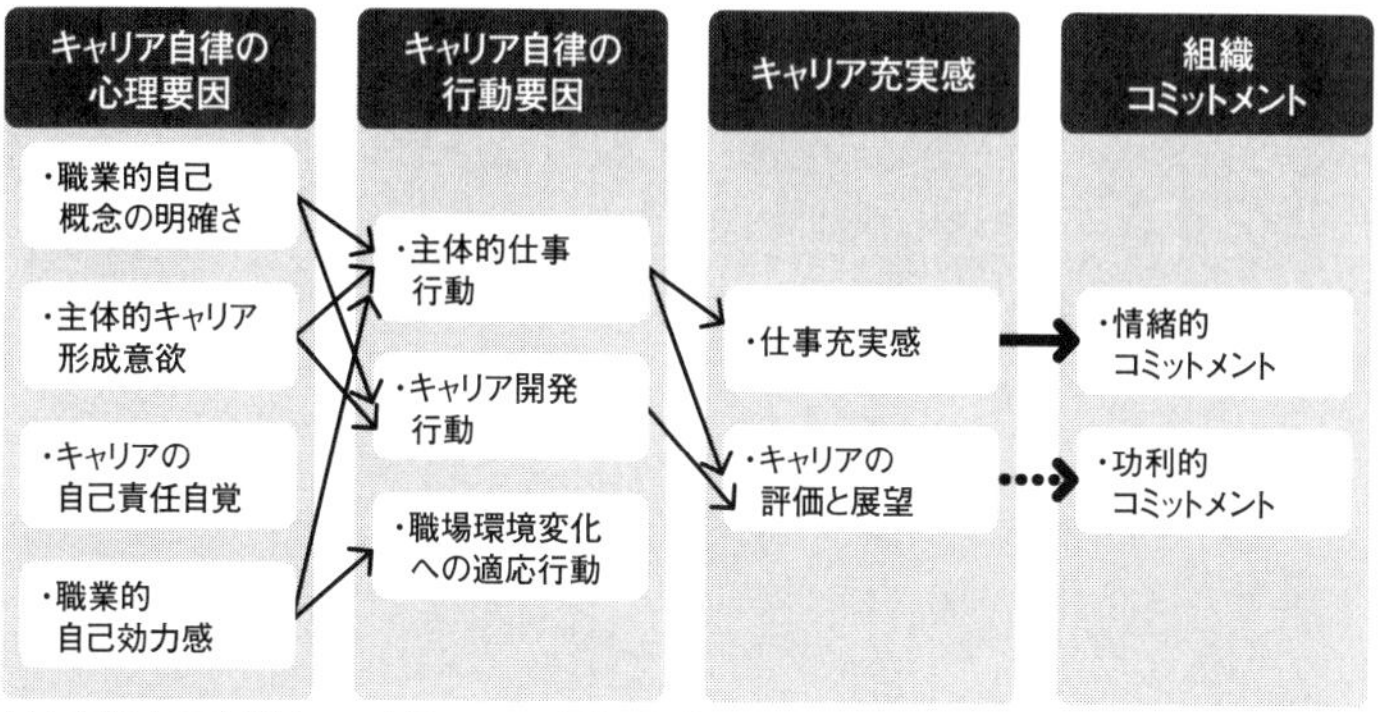

堀内泰利、岡田昌毅（2009）「キャリア自律が組織コミットメントに与える影響」（『産業・組織心理学研究』）を引用。理解を容易にするために相関関係のあるものを絞って提示
・実線はプラスの相関、点線はマイナスの相関

てていたりすると利己的で自分勝手な行動が抑制される

・組織への高い貢献意識、コミットメントを引き出すには、キャリア意識とキャリア自律行動を高め、その意識と行動を現状での仕事の充実感につなげていかなければならない

・キャリアの自己責任自覚は、キャリア自律行動を引き出さず、キャリア充実感もコミットメントも生み出さない（危機感を煽っても意味がない）

つまり、メンバーが組織貢献を積極的にしてくれるかどうかは、キャリアのビジョンを持っているかどうかではなく、目の前の仕事に充実感を持てているかに

かかっているということになります。

組織への「情緒的コミットメント」を引き出すには、「仕事充実感」が重要で、それをもたらすのは、「主体的仕事行動」であり、それをもたらすのが、「職業的自己概念の明確さ」「主体的キャリア形成意欲」「職業的自己効力感」の3つということになります。

本書でご紹介するのも、まずは**「目の前の仕事」でのやりがいをつくることを最重要とした方法論**です。これは私たちが多くの研修プログラムやマネジメント改革を進めてきた実践知とまさに一致する部分です。

多くの企業では、目の前の仕事の充実感を脇に置き、未来の姿だけを議論します。しかしそれでは、狭い視野の自己中心的な将来像しか生まれてこないのです。

そもそも未来の姿だけを議論することこそ間違っていると私は考えています。大事なのは、まずは「目の前の仕事」でやりがいをつくることです。

「不満」がなくなってもやりがいが生まれるわけじゃない

多くの人が将来への「不安」に包まれる一方で、現状に大きな「不満」を持つ人も多くいます。実は、不満はその原因が表面化しており、どう対処していくかはある意味明確です。

ただ忘れていけないのは、不満を改善しても、満足度は高まらないということです。

心理学者のフレデリック・ハーズバーグは、従業員の不満の要因と満足の要因は別のものであって、不満を改善しても満足度の向上につながらないことを証明しました。「2要因理論」といわれる理論です。

現代ではそれほどきれいに2つを分けることはできないという考えが主流となっていますが、**不満を改善しても、「不満ではない」という状態になるだけ**で、仕事のやりがいにはつながらないことは、皆さんもよくイメージできるのではないでしょうか。

仕事に「無関心」になることで精神の安定をはかる

そしてここ最近、急激に増えてきていると感じるのが「無関心」社員です。

私たちの会社では、入社2、3年目ぐらいの社員への研修も実施しています。節目研修という呼び方をしますが、新入社員は会社に入り、最初に**仕事と職場の現実で悩む**ことになります。これを専門用語では**リアリティ・ショック**と呼びます。この壁をどのように越えたのかを確認し、今後の成長の土台をつくるのがこの節目研修です。

節目研修では、自分が「ひと皮むけた」と感じる経験を共有し、その成長を共有します。コロナ禍以前においては、「苦しい環境の中で、周囲に助けられて仕事をやりきった。チームで仕事をする意味を知った」「無理と思っていた目標に対して、先輩のアドバイスで地道に取り組んだら見事に達成できた」など、チームで仕事をすることや、地道にやるべきことに集中することなど、社会人人生の背骨になるような体験談が話され、自分の成長を感じられる内容になっていました。

しかしコロナ禍を経て、実感値としては約3割の社員からこんな話が聞かれるようになりました。

「仕事をしている中で不安や、プレッシャーを感じ、もうダメと思ったときに、なんでこんなに感情を揺さぶられなくちゃいけないんだろうと気づいたんです。だから**仕事はお金をもらうためにやっていると割り切って、できないことはできないでいいや**と考えるようになったらとても楽になりました」

「厳しい目標があっても、自分のペースでやればよくて、**それを否定されるなら辞めれば**

いいと思うようになって穏やかに働けるようになりました」

私自身、研修でいろいろな人の「ひと皮むけた経験」を聞くのが、ワクワクして大好きでした。ところが最近は、大切な仕事経験に正面から向き合わず、逆に仕事との距離感を大きくとって無関心となることで、心の安定を得ることが成功体験と語る人が増えてきています。このことに強い危機感を覚えます。

もちろん、心が病んでしまうほどの状況では距離感をとるのは大切なことですが、これも先に述べた職場の「静かなる分断」が大きく影響しているのでしょう。

社会人としてスタートし、最初の3年間くらいの経験の質はその人の仕事観に大きな影響を与えます。この無関心社員が後輩を導いていくわけですから、**無関心社員の連鎖が止まらなくなる**可能性があるのです。

この連鎖が始まったら、マネジャーの皆さんにとってさらに大変な状況になります。分担が曖昧な仕事はすべてマネジャーが拾わなければなりませんし、社員同士が調整すれば済む問題もマネジャーが調整する羽目になります。どんどん悪循環に陥っていくでしょう。

私たちは、何とかしてこの流れを止めなければと思っています。

4

マネジャーが〝本来の仕事〟をするためのたったひとつの方法

ここまで読んで、「やはりマネジメントって難しい」「割に合わない」と思わせてしまったならお詫びします。

でも、安心してください。

以降で「不安・不満・無関心」状態のメンバーを変えていく強力な方法論を紹介していきます。**メンバーが主体的に動き、自分で自分を成長させていくサイクルに入る**5つのステップです。それを今回、「育つ力」の育て方と名づけました。

ステップ1　**「目標のすり合わせ」ではなく「目的を育む」**

ステップ2　**「強み」ではなく「持ち味」を活かす**

ステップ3　**「内発的動機」ではなく「内面化動機」を引き出す**

図序-2 「育つ力」を育てる5つのステップ

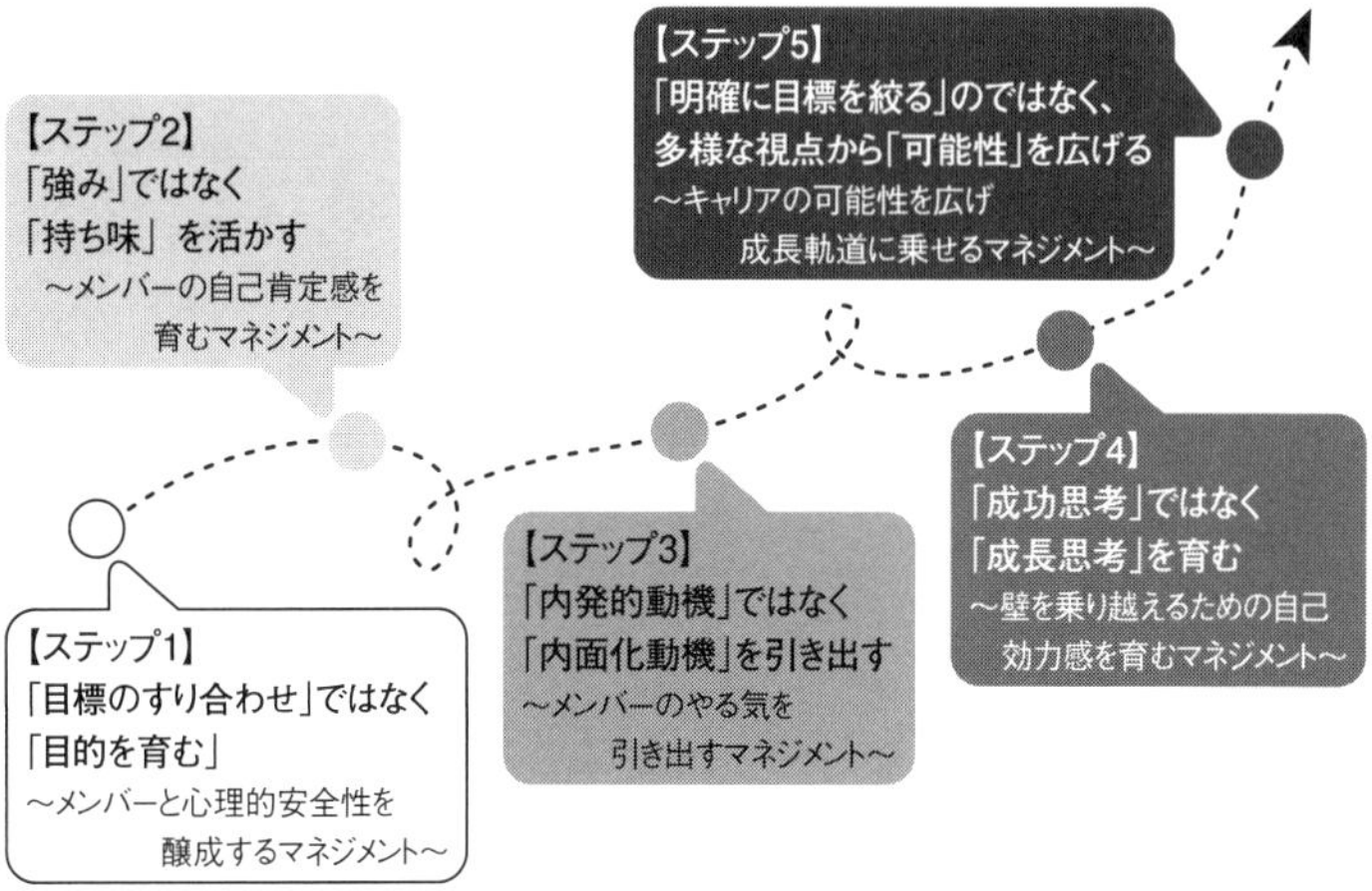
【ステップ1】
「目標のすり合わせ」ではなく
「目的を育む」
〜メンバーと心理的安全性を
醸成するマネジメント〜
【ステップ2】
「強み」ではなく
「持ち味」を活かす
〜メンバーの自己肯定感を
育むマネジメント〜
【ステップ3】
「内発的動機」ではなく
「内面化動機」を引き出す
〜メンバーのやる気を
引き出すマネジメント〜
【ステップ4】
「成功思考」ではなく
「成長思考」を育む
〜壁を乗り越えるための自己
効力感を育むマネジメント〜
【ステップ5】
「明確に目標を絞る」のではなく、
多様な視点から「可能性」を広げる
〜キャリアの可能性を広げ
成長軌道に乗せるマネジメント〜

ステップ4　「成功思考」ではなく「成長思考」を育む

ステップ5　「明確に目標を絞る」のではなく、多様な視点から「可能性」を広げる

この5つのステップを丁寧に進めていけば、メンバーを自律的な成長軌道に乗せることができるはずです。その結果、マネジャーである皆さんには時間とゆとりが生まれ、新たな何かに挑戦をする自由が生まれます。

少し楽をしてもいいでしょう。そして英気を養って未来に向けて動き出しましょう。

ある会社のマネジャーが「このメソッド

に熱心に取り組んだら、自分の仕事がなくなってしまった」と笑っていました。最初は不安な気持ちに襲われたそうですが、「時間がない」を言い訳にしてやっていなかった組織改革に取り組み、大きな成果をあげたそうです。

「これがマネジャーの本来の仕事だったんですね」としみじみ話されていたことがとても印象的でした。

メンバーが「育つ力」を身につけて自走を始める。その上で、自分の本当にやるべきことを見つめ直し、そこに取り組む。

皆さんにもそんな時間が生まれることを祈っています。

一緒にがんばっていきましょう。

第1章

メンバーの「育つ力」を育てるとは

竹田課長の憂鬱

「『やってみたいことがない』といわれても……」

部下がイキイキ働き、成長できる職場をつくりたい。

何とかこれを形にするために部下との対話を始めてみました。いわゆる1on1です。

私たちが育ってきた時代は、「上司が部下を育てるわけではない」「苦しい仕事、逃げ出したくなるような仕事が人を育てる」と教育されてきました。私自身も、成長できたのはとても難しい場面や状況を乗り越えてきたからだと思います。

でも当時はそれしかないというか、逃げ道がないという時代でした。今の時代、部下を追い込んで成長させるなんていったらパワハラになりますし、私自身も改めて考えると自分たちの育てられ方が正しかったとも思えません。

だから、いろいろな壁を越えてもらうには、本人の気持ちが大事になると考えています。やってみたいこと、挑戦してみたいことなど、部下の仕事への気持ちを掘り起こしてみようと思いました。

「将来、どんな風になっていきたい？　たとえばずっと営業で活躍したいとか？」

「何かチャレンジしてみたいことは？」

「今、どんなことを成長課題と捉えているの？」

1on1の場でこう問いかけたところ、30歳で我がチームのエース、加藤さんだけはマネジメントや新しいプロジェクトにチャレンジしてみたいという明確な返事をしてくれました。しかし、他の5人といえば、「今の仕事で大丈夫です」「チャレンジ？　うーん、あまり考えたことがありません」というなんとも煮え切らない答えです。

私は本人のやってみたいことや本人のやる気が大事だと思っています。

そういう気持ちを持って仕事をするから成長できるし、万が一失敗しても前向きでいられると思っていました。しかし残念ながら、自分の部下からそういうものを引き出すことができませんでした。

職場には本当に多様な意識の人がいる……。そう改めて実感しました。

課長になる以前もそんな人たちを見てはいましたが、実際自分が上司として向き合うと、どう導いていけばいいのかわからなくなります。

もう割り切って、部下ができそうな仕事を割り振り、成果を出していくしかないのでしょうか。

1

「内発的動機付け」は今どこまで有効か

「性弱説」のマネジメントへ発想を転換する

竹田課長が部下から引き出そうとした「**やってみたいこと、挑戦してみたいこと**」は「**内発的動機**」といわれるもので、職場だけでなく、教育現場でも、もっとも大切にするべきものといわれています。

本人が内側からやる気にあふれて取り組むことで成果も成長も生まれてきますし、大きな壁を越える原動力にもなります。

しかし、誰もがそういう強い動機を簡単に持てるものでもありません。

「内発的動機」の対極にあるのが「**外発的動機**」です。**外側から与えられる報酬や罰に**

よって行動を動機付けるものです。この2つの動機付けの背景には**人間観の違い**がありま す。人は本来働き者であり、場をつくり、背中を押せば熱心に働くという考えと、人は本来怠け者で、報酬や罰を与えないと働かないという考えです。

近代マネジメント論や教育論は基本、前者の考えに則っています。人は善であり、勤勉であり、学びたい、働きたい、貢献したいという欲求を持つ存在ということです。

この考えを否定する気はまったくないのですが、時には怠けたい、休みたい、サボりたいというのも人間の本質ではないかというのが私の正直な考えです。

人間には善と悪、働き者と怠け者の両面がある。そんな本質をひと言で表したのが、一橋大学の伊丹敬之名誉教授が説く「性弱説」です。**「人は性善なれど弱し」**ということです。

誰もが本質的には善で働き者だと私は信じています。でも弱さも共存していて、ついサボりたくなったり、楽をしたいと思ったりする。だからこそ、上司や仲間、職場の熱量などが欠かせません。**楽な方向に流されそうな自分を支えたり、刺激してくれる仲間が大切**なのです。

「できない人」と考えない。「まだできていない」だけ

このような人間観に立つと、存在するのは「できる人」と「できない人」ではなくて、「できる人」と「まだできていない人」となります。そして**「まだできていない人」を「育つ人」へ引き上げれば「できる人」に変わります**（図1－1）。

全員が「育つ人」になれば、全員がハッピーになることができます。なかでも一番ハッピーになれるのはマネジャーの皆さんです。

「本当に彼は仕事ができない。どうしようもない」といいたくなったら、**「なぜ彼は、まだあの仕事ができないんだろう」**と言い換えてみましょう。

「また彼女は勝手な行動をしている。自分勝手な人だ」といいたくなったら、**「なぜ彼女は、指示通りに動かないんだろう」**と言い換えてみましょう。

こうスイッチを切り替えることで、**自分の中にある不機嫌な感情、イライラが減り、自**

図1-1　視点を変えるとモードチェンジできる

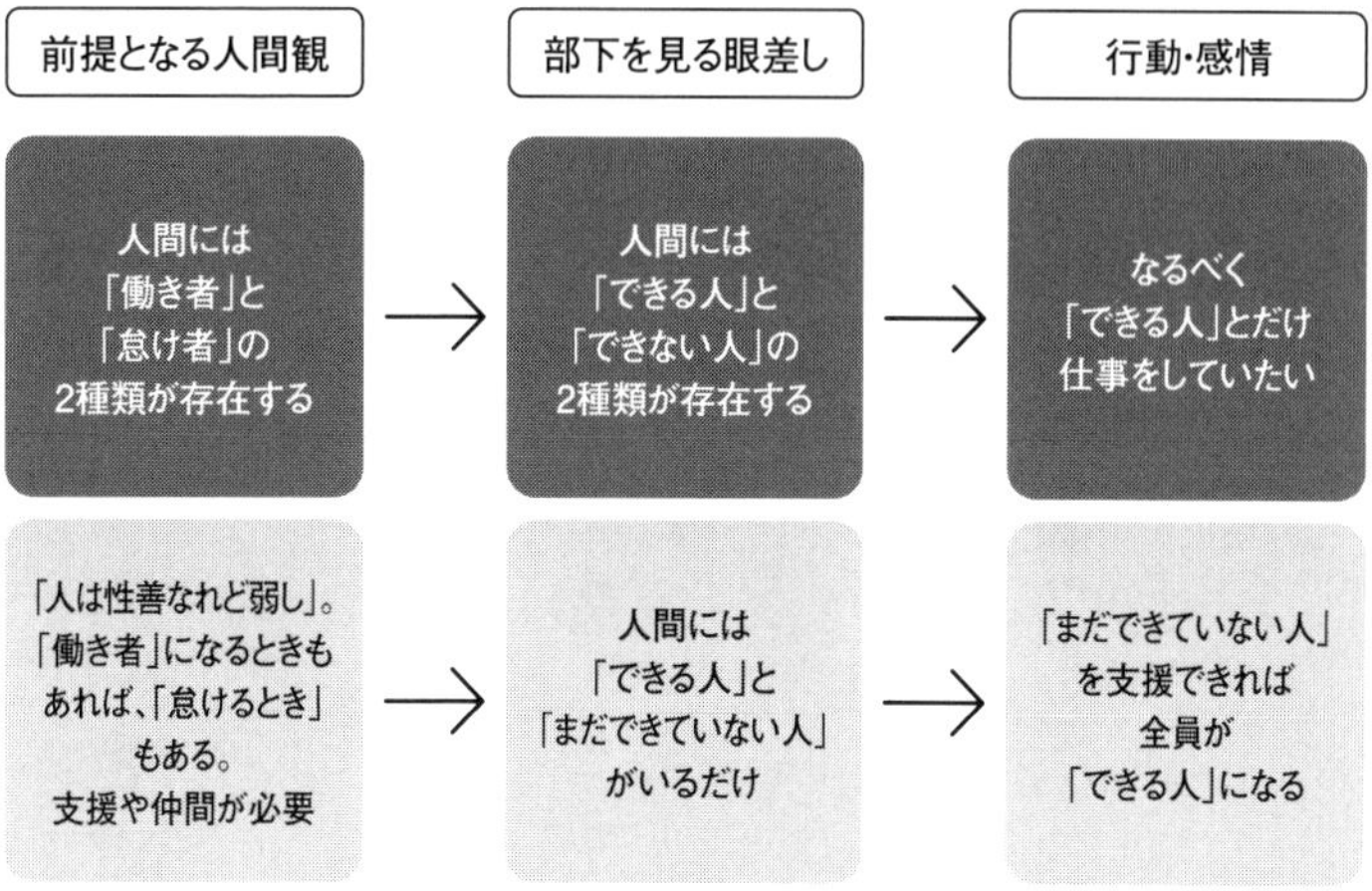

問自答の問いかけに脳が答えようとします。そうするとどう自分が行動すればいいかというモードに変われます。

このモードチェンジができるだけで、あなたは課題に追われる存在から、課題を解決するために主体的に行動する存在に変わることができます。あなたの中の働き者、好奇心旺盛な人格が活性化していきます。

騙されたと思ってぜひモードチェンジにチャレンジしてみてください。

2

部下の「育つ力」を育てる5つのステップ

「まだできていないメンバー」を「できるメンバー」に変えていくには、**メンバーの根本的なスイッチを切り替える**ことが大切です。

メンバーのスキルマップをつくって、何ができて何ができないかを見える化して埋めていこうとする組織も多くありますが、なかなかうまくいきません。これはそのスキル差が生まれる土台となる「育つ力」を捉えていないからです。

「育つ力」を育てれば、その先のスキルは自然と身につけることができます。そこを整えないまま、**単発での育成を繰り返していたらいつまで経ってもマネジャーは楽になれません。**

前述したように、「育つ力」は5つのステップで育てていきます。ここではその概略をご理解いただき、第2章以降で詳細を説明していきます。5つのステップ順にお読みいただくことをおすすめしますが、気になるステップから読んでいただいても結構です。

ステップ1 「目標のすり合わせ」ではなく「目的を育む」

最初のステップは「キャリアの目的」をメンバーと一緒につくることです。目標面談などではキャリアのビジョンや2、3年後の具体的な目標、それをブレイクダウンした今年の目標を持つことを求めますが、目標の前にまず、「キャリアの目的」を設定していくのです。これは**目標をつくるベースとなる、自分にとって大切なものや仕事の軸となるもの**です。

わかりやすい例でいえば、「将来、医者になりたい」というのは目標で、「ピンチの人を助ける存在でありたい」という目標の奥にある価値観がキャリアの目的となります。目的がしっかり定まっていれば、医者になることを断念しても、ピンチの人を助ける存在として、「警察官」「教師」「カウンセラー」などほかにもいろいろな目標を見つけることが可能になります。

目標を次々に生み出す土台となるものが「キャリアの目的」ということです。

最初にキャリアの目的をマネジャーとメンバーでつくっていく意味は3つあります。

1つ目は、**心理的安全性の構築**です。お互いの大事にしているものをさまざまな観点で深掘りして理解し合うプロセスで、心理的安全性を築くことができます。

2つ目は、**仕事の意味づけ**です。キャリアの目的を知ることで、今後の仕事をどのように意味づけ、意義づけをしていくとよいかが見えやすくなります。

3つ目は、目的をマネジメントのベースにすることで、**メンバーとの不毛なコミュニケーションを減らす**ことができます。これは**特に若い世代のマネジメントに有効**になります。

今、組織の中でキャリアについての認識は年代による大きなねじれ現象が起きています。シンプルにいえば、個人差はあるにせよ**ベテラン社員は「自分のキャリアのことを考えなすぎ」で、若手社員は「自分のキャリアを考えすぎ」**というねじれです。

目標の明確な若手社員に、目標とは直接つながらない仕事をアサインしても断られたり、いきなり退職されたりするという話を最近よく聞くようになりました。基本、目標は絞り込まれる方向になってしまいます。一方、目的ベースでメンバーとつながることができると仕事に対して柔軟な態度を醸成することができます。

ステップ2　「強み」ではなく「持ち味」を活かす

マネジメント関連の書籍では、「弱みを克服するマネジメントではなく、強みを伸ばし、活かすことを目指しましょう」と書かれていることが多いでしょう。でも、実はそれでは足りないのです。強みを活かして仕事ができるようになっても、どこかで自分の弱みが気になり、本当の自信が生まれてこないからです。

ステップ2では、「持ち味」というキーワードを使います。

強みも弱みもその源泉は同じで、それがその人の「持ち味」だということです。

たとえば、私（片岡）はとてもせっかちです。専門用語でいうと切迫動機タイプといい、スケジュールに対してのこだわりが強く、何事もスケジュール通りに進められるよう仕事を組み立てるタイプです。ですので、計画性やプロジェクトの推進力、周囲へ行動を促していくという強みがあります。一方で、途中での計画変更や、スケジュールを守れないマイペースな人にイライラしたり、中身の本質追求より、納期からの逆算での品質を優先してしまう弱みがあります。

このように**強みと弱みは表裏一体、コインの裏表**なのです。強みと弱みとを切り分けるのではなく、「持ち味」として統合的に捉えることで自己肯定感を育みやすくなります。
また自分の持ち味の副反応としての弱みの行動は、弱みではなく強みの先にあるものと捉えると受け止めやすく、対策をとることに抵抗感が低くなります。結果として、強みをさらに伸ばした形で弱みも克服できるようになっていくのです。

ステップ3 「内発的動機」ではなく「内面化動機」を引き出す

「内発的動機付けを大切にしよう」というのが今のマネジメントの主流です。しかし、私は世の中が内発的動機にとらわれすぎているのではないかと考えています。

学生時代からキャリア教育や社会貢献教育がされるようになった現在、「夢がない自分、社会への貢献意識が低い自分はダメな人間だ」と自らにレッテル貼りする若者が増えています。**心からやりたいことがないのに、表面上は意識の高いふりをする人**も多くいて、これでは本末転倒です。

内発的動機とは、そもそも内側から湧き起こるもので、マネジャーが外側から与えることができるものではありません。

そこで、このステップのキーワードとなるのが「内面化動機」です。

正確には「内面化された外発的動機」なのですが、内発、外発に続く3つ目の動機として広く知っていただく意図で「内面化動機」と私たちが独自に呼んでいます。

詳しくは第4章で説明しますが、**最初は外から来たものでも、しっかりと内面化されて取り組めている状態**を指します。メンバーのキャリアの目的や持ち味と照らし合わせて、「自分がやりたい仕事」という意味付けができている状態です。

またメンバー自身が、自分の力でさまざまな仕事に対するモチベーションをコントロールできるようになるとチャレンジできる幅がどんどん広がります。それは可能性が広がることでもあり、変化の時代に欠かせない力となっていきます。

ステップ4 「成功思考」ではなく「成長思考」を育む

「成功体験が人を変える」。よくいわれることで、確かにそうだと思います。私自身、営業時代の強烈な成功体験が、今でも自信の源泉になっています。

しかし、成功にとらわれてしまうと、往々にして**「成功体験のジレンマ」**に陥ります。これは、成功体験の後に失敗を恐れるようになることで、成功できる仕事を、成功できる方法でやる傾向が強くなる状態です。

このステップで重要なのは、**自己効力感（セルフ・エフィカシー）を高める**ことです。自己効力感とは、心理学者でスタンフォード大学教授のアルバート・バンデューラにより提唱された概念です。**難しい問題があっても何とかできるという自信**のような感情をいいます。

成功体験からも自己効力感が育成されますが、実は失敗体験からも育てることができます。失敗体験でも、そこから学び、次こそは成功できるという内省ができれば、自己効力感につながるのです。

大きな成功はキャリアにとって大切な経験となりますが、どこかでそこを抜け出し、**どんな経験からも成長する体質へと進化**する必要があります。

結果に一喜一憂する人財ではなく、プロセスの質を高めることができる人財に意識を変えていく。難しい仕事にチャレンジすれば成功は約束されていませんが、精いっぱい取り組めば何か成長することは約束されています。こういう考え方を、**「成長思考」**といいます。

当然ですが、その人がいつも成長しようと考えていることが「育つ力」のベースになります。だからこそ「成長」の喜びを分かち合うことが大事です。**難しいかもしれないがチャレンジする。新しいやり方を工夫する。**そんな成長することをやめられないメンバーに育てていくのがこのステップです。そうしたメンバーに恵まれた組織にいることがどんなに楽しいことか、ぜひ想像してみてください。

ステップ5　「明確に目標を絞る」のではなく、多様な視点から「可能性」を広げる

私たちは人生の中で、「明確な目標」が大事と繰り返しいわれてきたのではないでしょうか？　私自身、中学受験に始まり、大学受験、大学受験の際には大学だけではなく、その先の職業的目標を明確にしたほうがより力が湧いてくるといわれて、付け焼刃でいろいろな目標を書かされてきました。

明確な目標の持つ強烈な力は否定しません。大谷翔平選手のようなプロスポーツ選手や、オリンピックを目指すアスリートは明確な目標を立て、その達成のためにたくさんの

ことを犠牲にしていくことが求められると思います。

しかし、**明確な目標を持つことのデメリット**もあります。

1つは、ビジネスの世界では明確な目標が持てるような時代ではなくなりつつあるということです。ある分野のトップの技術者になろうと思ってもその技術があっという間に陳腐化してしまうというのが現実です。

もう1つは、明確な目標はその人のそれ以外の可能性を消してしまうということです。一人ひとりのキャリア、人生、才能にはいろいろな可能性があり、またチャンスもあります。一方、明確な目標はそれらをすべてかき消す力があります。

ロンドン・ビジネススクールのリンダ・グラットン経営学教授は、書籍『LIFE SHIFT2』の中で人生100年時代を生き抜くカギを「自己像の拡大」と指摘しています。自分にはこんな可能性もあんな可能性もあるのではないか、と**たくさんの自分の可能性を持つ**ことです。自分の可能性を狭く持つメンバーが多い中、マネジャーがその壁を打破し、視野と可能性を広げて成長軌道に導いてあげることが、「育つ力」を持ち続けるエンジンとなるのです。

3

「タスクベースの育成」から「キャリアベースの共育」へ

できる仕事を増やす→「育つ力」を育てる

これまでの組織は、「できる仕事を増やしていく」育成、つまりタスクベースの育成が中核でした。現状の仕事がスムーズに進むように、職場でスキルやノウハウを教える教育で、基本は先輩社員によるＯＪＴ（職場内訓練）という形で進められていました。

ちなみに、そういった教育が不要になるというわけではありません。ただ、ＡＩ（人工知能）が登場し、作業レベルの仕事は相当量、代替されていくことになるでしょう。

だからこそ、この「育つ力」を育てることが重要になるのです。

これから**マネジャーに求められるのは、メンバーに「育つ力」をインストール**していくことです。メンバーが自走し、自ら成長をしていく力です。

その土台となるのが「キャリアの目的」となります。

そのため、本書で紹介する5つのステップを私たちは「キャリアベースの共育」と呼んでいます。メンバー本人のキャリアの目的がベースになっているからです。

キャリアの目的に向き合うことで心理的安全性をつくり、キャリアの目的に基づいて仕事に向き合っていくことで、仕事を通じて成長していくリズムをつかむことができます。

育てる→自分も育っていく感覚

「育成から共育」もキーワードです。

正解があって、それを指導するのが育成や教育だとすれば、本書で紹介する5つのステップには正解がありません。それは各メンバーのキャリアの目的や持ち味からスタートするからです。

マネジャーはメンバーを導きながら、同時に自分のキャリアの目的や持ち味についても考えを深めることになります。育てているようで、自分も育っていくような感覚に次第になっていきます。

またマネジャーとメンバーの関係だけでなく、メンバー同士が対話しながら成長していくようなチームにも近づいていきます。キャリアベースの共育モデルは、**よりフラットな関係を求めるこれからの世代にもマッチ**したマネジメントスタイルです。

このメソッドを身につければ、変化の時代を味方につけたマネジメントが可能になります。ぜひ1つずつチャレンジしていってください。

第2章

［心の安全基地］

「キャリアの目的」を共有することで心理的安全性を築く

ステップ1

「目標のすり合わせ」ではなく「目的を育む」

竹田課長の憂鬱

「どうして本音で話ができない？」

課長になって1カ月。トラブル対応や部長・他部署からの依頼対応、部下からの相談に対応することで精いっぱいの毎日が続いています。

そんな環境でも、私にはこだわりがありました。部下の話を聴くことにだけは時間をとろう、ということです。マネジメント関連のネット記事を読んでも、「心理的安全性が大事」とよく出てきます。ですので週に一度、部下への1on1はどれだけ忙しくても実施しています。

しかし、自分のマネジメントはこれで合っているのでしょうか？

不安になります。

たとえば、入社2年目の相馬さん。24歳の男性です。

与えられた仕事を淡々とこなしているように見えます。でも、なんだか物足りないのです。

１ｏｎ１の際に、

「何か相談したいことはある？」

「困っていることは？」

「次にやりたい仕事はある？」

と聞いても、「いえ、大丈夫です」「がんばります」と返ってくるだけです。

決して暗い雰囲気ではなくその場の会話は進むのですが、職場に戻ると何か閉じこもって仕事をしているように見えます。

同僚たちが忙しそうにしていても、「何か手伝いましょうか？」のひと言もなく、ほぼ定時で帰っていきます。もちろん残業はダメなのですが。

先日、ある本で若者の「いい子症候群」という言葉が紹介されていました。「上司の前では意欲的な様子を見せるが、実際はいわれたことしかやらない。チャレンジして失敗したくない。平均点で仕事をこなせばよいと本音では思っている」という特徴がある若者を指すそうです。

まさにこれだ！　と思い、次の１ｏｎ１では、

「本当は不安に思っているけれど、言葉にできていないことはない？」

「自分自身の成長を考えると、どんなことにチャレンジしてみたい？」

と踏み込んで聞いてみましたが、答えは「特に困っていることはないので大丈夫です」で終わってしまいました。

もっと聞きたいことがありましたが、あまりしつこく聞くとハラスメント扱いされるかもしれず、結局当日は終了しました。

本人が大丈夫といっているから、大丈夫だろう。何かあれば相談するのも社会人の責任の1つ。そう割り切ろうとする自分のどこかに、

「でも、本当にこれでいいのか。今のままでは成長すると思えないし」

と考える自分もいます。

どうやれば、部下が本音を話してくれるのでしょうか。

1

多くの人が誤解したままの「心理的安全性」

高パフォーマンス集団に共通する土台

竹田課長はメンバーとの関係に不安を持っているようです。皆さんとメンバーの関係性はいかがでしょうか？　**メンバーは思っていることを素直に話せているでしょうか？**

「育つ力」を育てる最初のステップは、メンバーとの間に心理的安全性を築くことです。

心理的安全性とは、ハーバード・ビジネス・スクールのエイミー・C・エドモンドソン教授が提唱した考え方で、「自分たちの活動に関連する考えや感情を表現できる雰囲気」のことを指します。かみ砕いた言い方をすれば、「いいこと悪いことを含め、自分が思っていることを率直に伝え合える状態」です。

グーグル社が「パフォーマンスの高いチームを調査した結果わかった、どのチームにも共通する土台となるもの」の1つとして発表してから、日本でも心理的安全性の重要性がここ数年で広く知られるようになってきました。お互いに率直にモノがいえることで、相互支援が生まれたり、アイデアが広がったり、深まったりする。その結果、パフォーマンスにつながっていくという考え方です。

エドモンドソン教授は、心理的安全性は二者間ではなく、グループの中に存在するものとしていますが、多くの組織で一般的に使われていることや、この考え方はマネジャーとメンバーの間でも当てはまることから、本書では二者間、グループ両方の関係性においてこの言葉を使っています。

目指すのは「互いに居心地のよい状態」?

ここで注意したいのは、「心理的安全性」は、単にお互いに仲がいいこと、居心地のよい、プレッシャーがない状態のことではない、ということです。

真の心理的安全性があれば、厳しいフィードバックをお互いに伝えることができます。

また、助けてほしいときには「助けてほしい」と、わからないときには素直に「わからない」といえ、ミスをしても素直に話ができるようになるのです。

お互いの成長を支援するときも、耳あたりのいいことだけを話していてはうまくいきません。時に一歩踏み込んで、フィードバックし合うことも大切です。この点からも、マネジャーとメンバーの間に心理的安全性をつくることはきわめて重要なことなのです。

しかし、昨今の**「ハラスメントをしてはいけない」というプレッシャー**から、メンバーに強くいえない、一歩踏み込んで話ができないというマネジャーの悩みもよく聞きます。

また、「お互いが安心して過ごせるように、厳しいことをいってはいけない、否定してはいけない」と心理的安全性を誤解して、「ぬるま湯のような関係になっているが本当にこのままでよいのか」と相談を受けることもたくさんあります。

メンバーの視点、マネジャーの視点

心理的安全性と似た言葉で、日本の職場には古くから「安心な職場」や「風通しのよい職場」といった表現があります。これらの細かい定義の違いはさておき、現場レベルで考えてみると、「マネジャーとメンバー間で心理的安全性がある」とは次のような状態です。

【メンバーの視点】

「バカにしたり頭ごなしに否定したりせず、親身になって聴いてくれる」

「自分の考えを尊重しながら、一緒に方向性を考えてくれる」

「自分の成長という視点で同じ方向を見ている」

「自分のことを考えて、あえて耳の痛いこともいってくれる」

【マネジャーの視点】

「メンバーが思っていることを率直に話してくれる」

「メンバーの意見の背景がわかる」

「成長という視点でメンバーと同じ方向を見ている」

「自分が率直に伝えたことをメンバーはいったん受け止めてくれる」

つまり、単に「マネジャーとは何でも気軽に話せる」という安心だけではなく、**「マネジャーはメンバーの成長を真剣に考えて関わる」「メンバーもマネジャーの意見に耳を傾ける」**ことによるお互いの信頼が、真の心理的安全性を築くのだと思います。

「キャリアの目的対話」が大事

昔は、このような関係を築くために、飲み会、社員旅行など仕事外での活動が機能していました。しかし、働き方の変化や価値観の多様化によってそうした場を持つことも難しくなってきました。だからこそ、時代の変化や状況に合わせた新しいアプローチ方法が必要となります。その新たなアプローチの1つが「キャリアの目的対話」というメソッドです。

変化が激しく先行きが不透明な時代には、**キャリアの目標「私は〜になりたい（becoming）」の前に、キャリアの目的「私はいつでも〜という存在でありたい（being）」を描く**ことが必要不可欠です。

「キャリアの目的対話」とは、自分の軸となるこの「being」を一緒に探求する場です。

相互理解から生まれる相互信頼

この「キャリアの目的対話」は、マネジャーがメンバーと真の心理的安全性を築くために必須なアプローチです。キャリアの目的についてマネジャーとメンバーで対話をするプロセスで、お互いの理解が深まり、相互信頼を築いていくというわけです。

メンバーの前に自分のキャリアの目的がわからないと話しづらい、という声もあるかもしれませんが、最初はわからなくて当然です。**「自分もまだわからないけれど、大事なことだから一緒に考えよう」というスタンス**で、メンバーと探求することが信頼関係の構築につながります。

しかし、どれほど有用で必要なアプローチであっても、突然メンバーに「キャリアの目的を一緒に探求しよう！」と伝えたら、「いきなり何をいっているんですか？　キャリアの目的って何ですか？」「なんでそんなことを話さないといけないのですか？」という反応が返ってくるかもしれません。場合によっては、これがきっかけで心理的安全性が損なわれる可能性もあります。そうならないために大事になるのが、「3つの段階」です。

1つずつ進めていくこと、ポイントを意識することで、メンバーと対話がしやすくなります。次節で具体的な進め方を見ていきましょう。

2

「キャリアの目的」について3段階で対話する

段階① 「キャリアの目的」について互いに正しく理解する

対話の最初の段階では、「『キャリアの目的』について共通の理解を持つ」ことを目指します。実際には**1on1やランチ、職場の勉強会などで話し合う**ことをイメージしてください。

ほかには**出張や顧客への同行の際、夜の食事の場など**でフランクに話し合ってもいいでしょう。

まずは次のことを伝えていきます。

・「目標が見えづらい時代にはキャリアの目標の前に目的を描くこと、目標も1つに絞るのではなく、可能性を広げることが大事」とキャリアの考え方が変化している
・キャリアの目標は「私は~になりたい（becoming）」で、キャリアの目的は「私はいつでも~という存在でありたい（being）」である
・キャリアの目的を描くことで自分のキャリアの可能性を広く探求できるようになる

目標と目的については、次のような例を使って話すとわかりやすいでしょう。

キャリアの目標：「大人になったら、お医者さんになりたい！」
キャリアの目的：「病気に苦しむ人を助ける存在でいたい」

医師になるというキャリアの目標がかなわないときでも、キャリアの目的に立ち返ることで、「病に苦しむ人を助ける＝薬をつくる、医療機器をつくる、カウンセラーになる」など、自分のキャリアの可能性を広く探求できるようになります。

企業でキャリア研修を実施すると、当初、参加者の方からは、「キャリアの目標を描いても、結局異動は会社が決めるし、考えても仕方ない」

「提出しているキャリアシートも面談のときに開くだけ。毎年コピペで作成しています」

「でも、このままでいいのか、といわれるとそうでもなく……不安があります」

という不満、不安の声が出ることが実際多いです。

しかし、キャリアの目的の考え方を説明し、一緒に描いていくと、

「私は、周りの人たちがイキイキと自分らしく過ごせる存在でいたい」

「自らが新しいことにチャレンジし、周りを驚かせる存在でいたい」

「周りの人が動きやすくなるような縁の下の力持ちのような存在でいたい」

など、実に多様な目的が出てきます。

最後には、

「キャリアってこれでいいんだ、無理に目標を考えなくてもいいんだと思うと少し楽になりました」

「早く異動したいと思っていましたが、今の職場での活躍の仕方が見えてきました」

「目的をもとにすると今の会社でもいろいろな可能性を考えることができました」

「キャリアの目的が見えてくると、何かあっても柔軟にキャリアの目標を捉えることができそうです」

という反応が出てきます。

実際にキャリアを描くことに不安や難しさを感じるメンバーは多いと思います。まずは、その気持ちに寄り添いながら、**「あなたのキャリアの可能性を広げるきっかけになる」**とこれからのキャリアの考え方を伝えてみてください。

段階② 「キャリアの目的」を一緒に探求していく

次に2つの方法を用いてキャリアの目的を探求していきます。

1つは「自分の過去の出来事から、価値観を探求する」方法、もう1つは「さまざまな角度から質問をして、特徴を探る」方法です。

「自分はどのような存在でいたいのか」という**キャリアの目的は、自分が大切にしている価値観（大切にしている考え方や心が動くこと）や特徴から生まれてきます。**それをこの2つの方法を用いて探っていくのです。

自分の過去の出来事から、価値観を探求する

人の価値観は、幼い頃からこれまで育ってきた過程の中で培われます。このことから、価値観を探求するには、自分の歴史を丁寧に振り返ること、自分の感情が大きく動いた経験を振り返ることが有用だといわれています。

たとえば、

「一番イキイキしていた、充実していたのはどんなとき？」
「自分の中で一番達成感を感じたときは？」
「何かにはまった経験、没頭していた経験は？」
「あの頃は大変だった、本当に苦労したと思う経験は？」

など、振り返る視点を提供しながら、メンバーの話を聴いてみてください。

その際は、次のポイントを意識してみましょう。

・具体的な場面がイメージできるように問いかける

例：そのとき、具体的にどのようなことが起こったのですか？　○○さんは、どのようなことをしていましたか？　周りはどのような反応だったのですか？

・そのときに、どのように考えていたか、感じていたかを聴く

例：そのとき、○○さんはどのように考えていましたか？　そのとき、どのように感じていましたか？　他に感じていたことはありますか？

・なぜ、そのように考えたのか、感じたのか、背景を聴く

例：そのように考えた背景を教えてもらってもいいですか？　そのように感じた背景には何がありますか？　○○さんの中の何が、そう感じさせましたか？

・メンバーが大切にしている価値観を一緒に見出していく

例：この経験を振り返って感じた、○○さんが大切にしていることは？　心が動くことは？　この経験から育まれた、○○さんが大切にしている考え方は何でしょうか？

今の考え方や行動につながることは何でしょうか？

このプロセスを経ることで「自身は、この経験から○○という価値観が育まれたのだ」と意味づけすることができるようになり、納得感が増します。

いきなりたくさん質問するのは難しいと感じる方は、メンバーの特性や皆さんとメンバーの関係性を踏まえて、**聴きやすいものから進めてみましょう。**

さまざまな角度から質問をして、特徴を探る

2つ目の方法は、いろいろな角度からの質問に答えることで、メンバーの特徴を引き出していくものです。皆さんの質問に答えることを通じて、メンバーが自分自身にどのような特徴があって、どのようなことを考えているかに気づいていきます。

自分の特徴を知ることが、キャリアの目的を見つけることにつながっていくのです。

ここでは日常ではあまりしない質問も投げかけます。実施する際に「キャリアの目的を探求するために、普段と違う質問をいろいろするけれど、答えられるものだけでいいよ」と伝えてあげると、メンバーの気持ちのハードルが下がり、対話しやすくなります。

1on1での実施に不安がある場合は、**複数人で「キャリア勉強会」**の場を設定してゲーム感覚でやってみるのもいいでしょう。

それでは、皆さんが投げかける質問の視点をいくつかご紹介します。

・日常から考える

例：昔から、ずっと好きでいるものは何ですか？

○○さんのお気に入り、習慣って、どんなことがありますか？

気になるニュースやテレビ番組などを5つ挙げると？　その5つに共通点はありそうですか？

・感情から考える

例：○○さんが、これまでで一番感謝している人、感謝していることは何ですか？

どうしても好きになれないもの、理解できないものってどんなことですか？

やり始めたら止まらない！　と思うことは、どんなことですか？

・夢から考える

例：制約を取っ払って考えたとき、○○さんが、これからの人生を豊かにするために、1つだけ何でも手に入れられるとしたら、何にしますか？

これからやり始めることによって3年後にある人たちから感謝されるとしたら、○○さんは何を始めたいと思いますか？

・違う視点から考える

例：仲のよい友人から「○○さんは△△な人だ」といわれるとしたら、何といわれそうですか？

死ぬ間際の枕元に立って、自分が自分に何か話しかけることを想像してみると、何を話しかけていますか？

このような質問をメンバーに投げかけながら、最後に「質問に答えることで見えてきたあなたの特徴は何ですか？」と一緒に探求していきます。話を聴く中であなたが感じた特徴を伝えてあげることも効果があります。

さて、ここまで2つの方法をご紹介しました。

過去の出来事を深掘りする方法は「自分の原体験と紐づくので、納得感が得やすい」というメリットがある一方、「じっくり話す時間が必要」「自分の過去を振り返ることが苦手な人には、抵抗感が強くてうまくいかない」というデメリットがあります。

さまざまな質問を投げかける方法は「ゲーム感覚で気軽に取り組みやすい」というメリットがある一方、「出てきた答えをもとに対話で深掘りをしないと、表面的な探求で終わってしまう」というデメリットがあります。

皆さんの状況に合った方法で進めていただければと思います。

なお、本書の巻末にキャリアの目的を探求するための詳細な方法をご紹介しています。もっと詳しく知りたい、いろいろな質問法を知りたいという方はこちらもぜひご活用ください。

段階③ 「キャリアの目的ver1.0」を描く

最後のステップは、ここまで探求してきた内容をもとに、メンバーとキャリアの目的を描いていきます。

キャリアの目的を描くポイントは2つあります。

1つ目は、**「目標ではなく目的」**だということです。キャリアの目的は、「キャリアを歩む上での指針となるもの」です。迷ったときに、この指針に立ち戻ることで、選択の判断を助けてくれるものとなります。

2つ目は、**「正解を求めない」**ということです。いきなり「これが自分のキャリアの目的だ！」と自信を持って言い切れるものが見つかる人はいません。あくまで、ver1.0として描いて、そこから実際に行動しながらしっくり感が増してくるものです。まずは、**「ばっちりではないが、しっくりくるな」**というものを言語化し、そこから育む、というスタンスで進めていきましょう。

ここからは、キャリアの目的の描き方を具体的にご紹介します。こちらは、『「目標が持てない時代」のキャリアデザイン』でも紹介しているメソッドです。

過去の出来事から探求した価値観、いろいろな角度からの質問に答えて見えてきたメンバーの特徴をもとに、次の文章を参考にしながら、メンバーと一緒に穴埋めクイズのように考え、話し合ってみましょう。

すべてを埋める必要はありません。また、次の表現以外のものでもＯＫです。

このとき、メンバーから出てきたキーワードをメモしてあげると、「こんなキーワードが出たよ」とあとで一緒に探求しやすくなるのでおすすめです。

・私は（　　　　　　　　　　）することがうれしい人間です。
・私は（　　　　　　　　　　）ということに怒り、義憤を感じる人間です。
・私は周囲と（　　　　　　　）という関係をつくりたい人間です。
・私は私がかかわるコミュニティ（職場や地域、趣味の集まりなど、仲間が集まる場）が（　　　　　　　）という状態にあることがうれしいです。
・私は社会が（　　　　　　　）という状態にあることがうれしいです。

最後にキャリアの目的を考えてみます。「社会、コミュニティ、周囲、自分が笑顔になり、調和がとれた状態になっていくために自分はどのような存在でありたいか」、メンバーと一緒に、以下の文章でまとめてみましょう。

「私のキャリアの目的は、　　　　　　　　　　　　という存在であること」

このような対話を実施すると、「正解を見つけないといけない」と力が入ることが多いですが気軽に進めてください。

「本来自分の将来を考えることは楽しいことのはずなのに、苦しくなるのはもったいない」「まずはｖｅｒ１・０をつくって、実践しながら育んでいこう」というスタンスを話してあげると、メンバーも、肩の力を抜いて探求できると思います。

このプロセスでメンバーのキャリアの目的が見えてくるだけでなく、対話を通じて相互理解が深まり、皆さんとメンバーの間に心理的安全性が醸成されていきます。

3 メンバーが安心して対話をするためには

ここまでキャリアの目的対話のステップを見てきました。しかし、実際に対話をすると、「これが自分の価値観なのか？」「キャリアの目的は本当にこれでいいのか？」「マネジャーにどこまで話してよいのか」など、メンバーが不安や難しさを感じる場面もあると思います。

そんな**メンバーの不安を解消するためのポイント**は２つあります。

それは「自己開示」と「共感的傾聴」です。それぞれ説明していきましょう。

マネジャーも「自己開示」する

１つ目のポイントは、皆さんの「自己開示」です。

「昔、野球部に所属していて、そのときの仲間と今でも集まっている。部活は弱かったけど、県大会で1勝するために、お互いに支え合いながらがんばったときの一体感が忘れられない。だから、自分はそんなチームをつくる人でいたいんだよね」

「高校生のとき、生徒会長をしていて、従来の文化祭から内容を大きく変えた経験があったんだ。実は、大きなことを考えて企画するのが好きなんだよね。今思えば、この経験が『皆がアッと驚く、楽しめる機会をつくる存在でいたい』という自分のキャリアの目的につながっていて、この仕事をやっているんだと思う」

このように、皆さん自身のキャリアの目的やその背景を話してみましょう。

「自分のキャリアの目的」といわれても難しいと感じる方は、3つの段階や巻末に掲載の方法を使って、自身のキャリアの目的を探求してみましょう。メンバーだけでなく、マネジャーである皆さん自身も行うことで、ポイントがつかめて、対話が深まります。

そして、**自身が探求する過程で感じた不安、難しさなども伝えてあげてください。**

「キャリアの目的を昔から持っていた風に語ったけれど、これはマネジャーになってうまくいかずに悩んだときに、先輩からアドバイスを受けて考えたことなんだよね。そのときは半年くらいは、モヤモヤしていたな。最初、キャリアの目的といわれても、本当にわからなかった。自分の価値観といわれても出てこなかったし（笑）。友人や先輩、家族と話す中で、やっとうっすら見えてきて。そこから実際に行動し始めて徐々にしっくり感が出てきた気がする」

このように皆さんが自己開示することで、メンバーも話しやすくなります。そこから、不安の背景や難しさを感じているポイントについて対話しながら、一緒に探求することでキャリアの目的が少しずつ描けていくでしょう。

共感して聴き、感じたことを伝える

2つ目のポイントは「共感して傾聴する（共感的傾聴）」です。傾聴だけではなく、「共感的」とつくのが大事です。

メンバーの話を聴くときは、①相手の靴を履いて、聴くこと、②相手の感情を理解しようとすること、③善悪のジャッジをしないこと、④相手の感情を理解していることを伝える、を意識してみましょう。いわゆる**「共感の４要素」**といわれるものです。

ちなみに①は、英語では「put yourself in someone's shoes.」と表現され、相手の靴を履く（＝相手の立場に立つ）ことで、共感が生まれるということです。

相手が語ってくれたことは、相手の過去の経験から培われたもの。それは**「相手にとっての真実である」というスタンスで聴く**ことがもっとも重要です。

その上で、「〇〇さんは、こういうことを大切にしているのですね」と、自分が相手から感じたことを、口に出して伝えてみてください。

自己開示したことに対して、相手がどう感じているのかわからないと人は不安になるものです。そこを伝えられることで「この人は自分のことをわかってくれている」という感覚を覚え、さらにいろいろと話すようになっていきます。

4

「仕事以外の話」ができる関係をメンバーは求めている

「キャリアの目的対話を通じてメンバーと心理的安全性を築く方法」をご紹介してきました。メンバーの顔を思い浮かべると、「いやがったらどうしよう」「一緒にやってくれないのでは」と不安になる方がいるかもしれません。

確かに、いろいろな企業で実践すると、最初は難色を示すメンバーもいます。しかし、実際に実施すると、「自分の過去の出来事を話すのは抵抗があったが、自分のことが理解できてよかった」「マネジャーのことを知って距離感が縮まった、話しやすくなった」など、**前向きなコメントが出てくる**ケースがほとんどです。

いろいろな不安はあるかと思いますが、「メンバーのためになる」と自信を持って、一歩踏み出してみてください。

皆さんのメンバーは仕事以外の話が丁寧にできることを本当は求めているのです。

第 3 章

［本物の自己理解］

「持ち味」を発見して、自己肯定感を育む

ステップ 2

「強み」ではなく「持ち味」を活かす

竹田課長の憂鬱

「ここを直せばもっと伸びるのに」

私、竹田は入社2年目の相馬さんと1on1を続けています。

スタートした当初は、質問をしても「大丈夫です」「がんばります」とワンフレーズの返答で話が弾むこともなく、このままどうなるんだろうと不安ばかりでした。

ところが3カ月くらい経過した頃でしょうか。先日学んだ「キャリアの目的」を何度か話し合ってみると、お互いの理解が徐々に進んでいきました。

私自身が自己開示をして話したことをきっかけに、相馬さんもいろいろと話してくれるようになった気がします。少しずつ心理的安全性ができつつあるのか、最近は業務やキャリアの悩みも話せるようになりました。

そうした会話を通して、相馬さんの意外な「強み」や「弱み」が見えてきました。一人前になるにはまだまだですが、ポテンシャルを感じます。何を考えているかわからない状態だったことを考えると一歩前進です。

そこで先日の1on1では一歩踏み込み、今後の課題について話をしてみました。

「相馬さんは若くてポテンシャルもあるから、早く一人前になってほしい。入社して3年までの期間は大事な時期だから、いろいろチャレンジしてみよう」

とまずは期待を伝え、成長課題について踏み込んでみました。

「1on1をしている中で感じたのだけれど、相馬さんの『丁寧さ』は強みだと思う。ただ、『一歩目の行動を起こす』ことが苦手じゃないかな？　1人で成果を出せるようになるには、行動が早くないといけないと思うんだ。だからここを重点的に改善していこう」

しかし、相馬さんの反応は、

「チャレンジですか」

「確かに、そこが苦手です」

「はい、がんばります」……と、またワンフレーズの会話に逆戻り。

自分が若い頃は、上長からこのような話をしてもらったら、前向きにがんばろうと奮起したものです。だから、相馬さんの反応がなんとも歯がゆく、物足りません。

失敗を恐れているのか、自信がないのか。相馬さんの「がんばります」からは主体性を感じません。仕事はそつなくこなしていますが、このままでは大きな成長は難しいと感じています。自分はどうしたらよいのか……。

1

「弱みを克服する」マネジメントのいい点、悪い点

弱点克服アプローチの限界

竹田課長は相馬さんの強みと弱みを踏まえ、成長に関わろうとしているのですが、なかなかうまくいかないようです。いったい何が壁になっているのでしょうか？

実は、ここでの**問題は「強み」「弱み」という発想そのもの**にあります。育つ力を育てる次のステップは、「弱みを克服する」や「強みを伸ばす」という考え方から「持ち味を活かす」考え方への転換です。

マネジメントに際してメンバーの「弱みを改善しよう」と考える方、「強みを伸ばしていこう」と考える方、さまざまだと思います。皆さんはどちらのタイプでしょうか。ある

いはこの2つをバランスしたアプローチを心がけているでしょうか。

マネジャー研修などで「若い頃に上司や先輩からどのように育てられましたか？」と尋ねると、多くの方から「とことんダメ出しをされた」「足りない部分をたくさん指摘してもらった」という答えが返ってきます。いわゆる「弱みを克服する」というアプローチで、今の管理職世代は育ってきた方が多いのではないでしょうか。

著名な経営思想家ピーター・ドラッカーは、著書『明日を支配するもの』の中でこう述べています。

「何事かを成し遂げるのは、人の強みによってである。弱みによって何かを行うことはできない。もちろん、できないことによって何かを行うことなど、到底できない」

この言葉に代表されるように、昨今「強みを活かす」重要性が認識されていますが、**マネジメントの現場ではまだ「弱点克服」のアプローチがとられがち**です。なぜでしょうか。

これは、「できていないところがあってはいけない。弱みを何とかしないと困る」という切迫感から来ていると考えられます。日本の教育、受験システムが影響しているところが大きく、企業の人財育成にもこのアプローチが根強く残っている印象です。仕事や年次によって求められる能力を可視化し、足りないところを課題として改善するやり方です。

もちろん、弱みを克服するアプローチにもいい点、悪い点があるので、一概に否定するものではありません。

いい点は、弱みを改善・克服することで、ある程度、平均的に仕事を進められるというところです。

一方、悪い点は、苦手なところや弱いところを改善しても、その人の強みになることは少ないということ。また、弱いところばかりを見ていると、強みを活かす視点になりづらくもなります。その結果、平均的なメンバーは育つのですが、組織全体の力が高まらないケースが多々あります。

さらに弱みを克服するアプローチばかりを行うことで、**メンバーが「自己肯定感」を持ちづらくなる**ことも注意点です。この自己肯定感こそ「育つ力」を育てるために重要な要素となります。

2

「強みを伸ばす」マネジメントのいい点、悪い点

自己肯定感を持ちにくい日本社会

自己肯定感とは、臨床心理学者の高垣忠一郎・元立命館大学名誉教授が提唱した概念で、「よいところも、ダメなところも含めて、自分を受け入れること。自分が自分であって大丈夫と思えること」という考え方です。

ありのままの自分を受け入れることができるので、他者と比較するのではなく、自分が感じたこと、考えたことを主体的に表現できるようになり、防衛的にならずに一歩を踏み出しやすくなります。失敗しても「今度がんばろう」「失敗しても大丈夫。自分には価値がある」と思うことができます。これが、物事を前に進めるための原動力となります。

反対に**自己肯定感を持てない人は、他者と比較する癖が強く、他者からの評価を気にするあまりに、失敗を恐れて主体的にチャレンジできません。**新しい挑戦の機会があっても、「自分には無理」「失敗して評価が下がったらどうしよう」と心の壁が生まれて、一歩踏み出せなくなります。

自己肯定感が低い状態ではキャリアの目的が見えても前に進めないことが多く、自己肯定感が低すぎる場合は、キャリアの目的を探求すること自体も難しい場合があります。「育つ力」を育てるためには、自己肯定感を育むことが、とても重要になるということです。

しかし、内閣府が発表した「子ども・若者白書（平成26年版）」の国際比較調査をきっかけに**「日本の若者の自己肯定感が低い」**と話題になるなど、今の日本社会は自己肯定感を持ちづらい人が多いのが実情です。このような中で、従来の弱みを克服するアプローチは限界を迎えているのです。

強みを伸ばすアプローチの限界

これらの反省からここ10年ほどの間で少しずつ、**人財育成の世界でも「メンバーの強みを見て伸ばそう」という考えが増えてきた**印象です。その人が他の人よりも得意なことを引き出していくアプローチです。

しかし、この強みを伸ばすアプローチにもいい点、悪い点があります。

いい点としては、メンバーにとって自然と熱が入ることや苦も無くできることを活かして仕事に取り組んでもらうので、本人のモチベーションも高まり、パフォーマンスが上がりやすいことが挙げられます。

一方、悪い点としては「得意なこと、やりたいことだけやって、やるべきことをやらない」「弱みの部分が、強みを活かした活動の足を引っ張る」などの副作用を生み出すことがあります。結果、徐々に強みを強みとして維持し続けることができなくなってくるのです。さらに、仕事ではやりたいことだけやるわけにはいきません。**「苦手分野にはチャレンジしない」ことで、成長の幅も狭く**なります。

あるＩＴ系企業のマネジャーＡさんからうかがった話です。

Ａさんの部署に30代の男性メンバーＢさんがいました。特定の分野に関する学習意欲は抜群に高く、論文や書籍を読んだり、セミナーに参加するなど積極的に行動ができるという強みを持っています。上司であるAさんは、Bさんの強みを活かして、その分野に関する仕事を任せましたが、情報収集ばかりに集中してしまい、本人が苦手とする資料作成やタスクのスケジュール管理が疎かになっていきました。

次第に周囲からは「好きなことばかりやって、ちゃんと仕事をしていない」「資料が出てこないので困っている」「Bさんをなんとかしてください」といわれるようになってしまいました。

AさんはBさんにフィードバックをしましたが、1回で改善することはなく、何度も何度も指導して、進捗管理を細かくするようにしたところ、得意分野への集中した取り組みなど強みが徐々に消えていったそうです。期末の面談で、**「自分の強みと思って取り組んでいましたが、結局チームに迷惑をかけていたんですね」**と自信なげに話していたことがつらかったと、Aさんは語ってくれました。

このように強みを伸ばすアプローチの中で、弱みと向き合うことを避けると、弱みが足を引っ張って壁にぶつかることが多々あります。その結果、現実的には弱み克服アプローチになってしまい、自己肯定感を持ちづらい状態を生み出すのです。

3

「弱みを克服する」「強みを伸ばす」から「持ち味を活かす」へ

持ち味とはその人がそもそも持つ特性

では、どうしたらメンバーが自身の弱みと向き合い、強みを伸ばせるのでしょうか？その方法が「持ち味」を活かすという考え方で、私たちは「持ち味」を次のように定義しています。

その人にとって苦も無く、自然にできる考え方、行動のパターン。知識や技術など身につけることができるものとは違い、その人が本来持っている特性。

図3-1　「持ち味」は特性。環境によって弱みにも強みにもなる

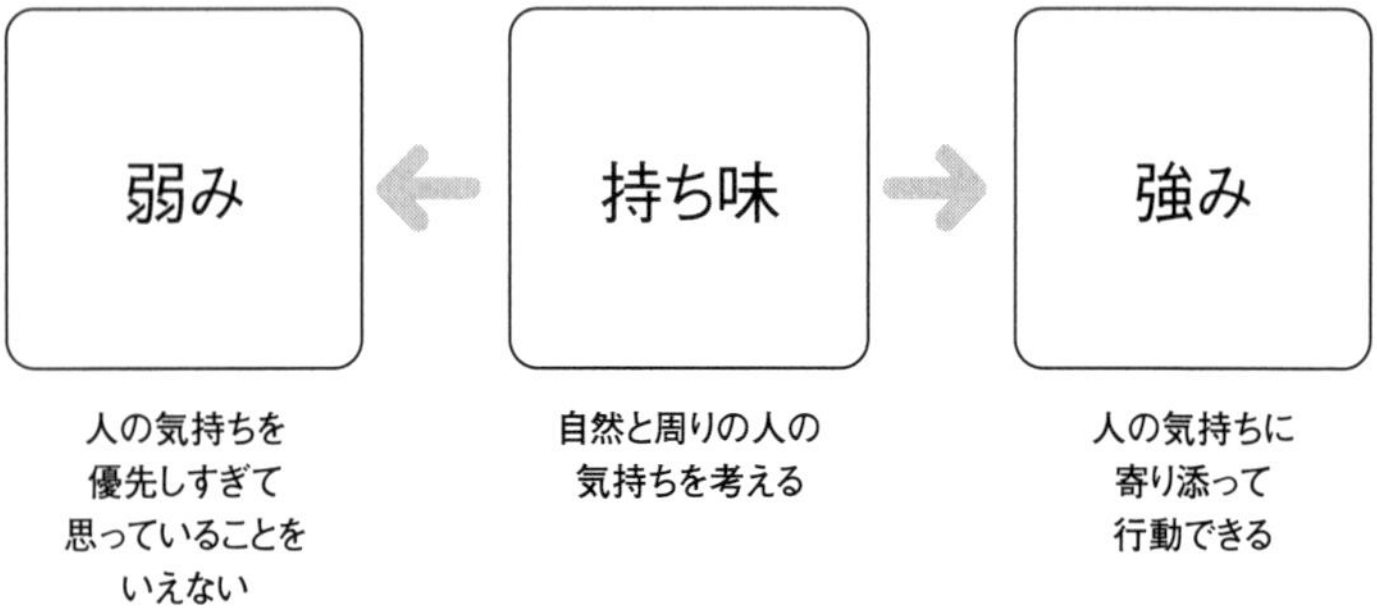

具体的には、たとえば、

「自然と周りの人の気持ちを考える」

「好奇心が強く、新しいことへの挑戦が好き」

「物事をじっくり考え続けても苦にならない」

「物事を俯瞰して、大局的に見る」

「後先考えずに、まずは行動する」

など、**その人が自然とできること、他の人からすると「すごい！」**と思えることです。


その人の持っている特性のため、**環境によって強みにも弱みにもなりうる。**これが、持ち味を考える大きなポイントになり

ます（図3－1）。

たとえば、「自然と周りの人の気持ちを考える」という持ち味は、「人の気持ちを優先しすぎて思っていることをいえない」という弱みにもなれば、「人の気持ちに寄り添って行動できる」という強みにもなります。

本人が「持ち味」として自分の「強み」と「弱み」を受容することで、自らの行動メカニズムを認識することができ、その結果、自分の持ち味を強みとして活かそうと思えたり、弱みが足を引っ張りそうなときはカバーしようとしたり、誰かに助けを求めることができるなどバランスがとれるようになります。

強みも弱みも受容する

ある企業の人事部の課長Cさんからうかがった話を紹介します。

Cさんの頭痛のタネは、部の中堅メンバーDさんです。Dさんは、自分より上席がたくさんいる経営会議などでも、率直に意見をいうタイプでした。上司であるCさんは、その様子にいつもヒヤヒヤしていましたが、ある日、部長、Cさん、そしてDさんの3人で飲みに行った際に、とうとう注意したそうです。

「Dさんの発言はいくら何でも生意気だ、失礼だ」

Dさんはそれに反論し、口論が始まりました。それをしばらく聞いていた部長はこう発言しました。

「いやいや、それでいい。率直に思っていることをいえるのは、Dさんの持ち味なんだ。どんどんいってほしい。でも、**持ち味は強みにも弱みにもなるから扱い方が重要**だよね。誰であろうと自分の意見を伝えることができるのはDさんの強み。でも、率直にいうだけだと相手に心の壁ができて物事が進まないことも多い。これがDさんの弱み。だからモノの言い方を工夫すると、Dさんがやりたいことができるようになるんじゃないかな」

Cさんは、部長の言葉で「Dさんの持ち味」を改めて認識し、Dさんも納得して、そこから自分がどのように伝えたらよいのか発言の仕方を考えるようになったそうです。

このように、強み、弱みを単純に分けるのではなく、源泉となるその人の「持ち味」や「それが生み出す強み、弱み」をマネジャー、メンバーが共に理解し、受容することで、弱みをカバーしつつ、強みを伸ばすことが可能になります。

そして、持ち味として、**自分の強みも弱みも受容できることが、チャレンジの一歩を生み出すメンバーの自己肯定感を育む**ことになるのです。

ここまで強み、弱みの土台となる持ち味の大切さを見てきましたが、皆さんはメンバーそれぞれの「持ち味」をどのように捉えていますか？

メンバーの持ち味を見つけること、一緒に探求すること、メンバーが持ち味を活かせるように関わることで、メンバーの自己肯定感を育み、主体性を引き出すことにつながります。

それが、「育つ力」を育てる大きなポイントになるのです。

4

「持ち味」を発見する2つの方法

「持ち味の重要性はわかったが、それを見つけるのが難しい」と思う方もいるでしょう。持ち味を発見するには2つの方法があります。

1つは**「弱みの裏返し」**、もう1つは**「当たり前からの宝石探し」**です。2つは大変という方は、どちらか使いやすいほうを選んで実践していただければと思います。

方法① 「弱み」を書き出して「裏返し」てみる

「弱みの裏返し」とは、メンバーの弱みと思っていることを書き出してみて、それを裏返すことで強みや隠れている持ち味を探求する方法です。人は強みよりも弱みに目が行きやすいことから、この方法論があります。

ここでのポイントは**できるだけ多く書いてみる**ことです。弱みを書き出してみると、切実に感じているものから、なんとなく感じているものまで、さまざま出てきます。そして、強みと弱みは表裏一体と捉えて、一見弱みに見えることの意味を転換します。

「頑固で行動を変えない」という弱みも「ブレずに行動できる」という強みと捉えることができます。強みと弱みが見えてきたら、その背景にある「自分の意志、軸を持っている」など、その人の持ち味を探求します。

このように書き出した弱みを裏返すことで「どのメンバーにもいろいろな強みや、背景となる持ち味がある。これがそれぞれの特性なんだ」と実感できるはずです。さらに、一人ひとりに持ち味を伝えてあげることが、メンバーの自己肯定感につながっていきます。

ぜひ次の例を参考にメンバーの弱み、強み、持ち味を探求してみましょう。

[弱みを裏返して持ち味を発見する例]

弱み：相手の反応が気になって、自分の意見がいえない

強み：相手の反応を察して行動できる

持ち味：人の意図や感情を自然と考える

弱み：後先を考えずに行動する
強み：躊躇せずに踏み出せる。実行力がある
持ち味：物おじしない

弱み：説明も資料もとにかく長い
強み：細部にこだわった資料づくりができる。背景を丁寧に説明できる
持ち味：物事の背景を理解するために、細部まで見ようとする

弱み：物事をネガティブに捉えて、思い切ってチャレンジできない
強み：不測の事態を考えることができ、リスクに敏感である
持ち味：これから何が起こるかをさまざまな角度から想像する

弱み：複数のことを並行して進められない
強み：1つのことに没頭してやりきることができる

持ち味：1つのことに集中する

弱み：せっかちで、すぐにイライラする
強み：仕事を進めるのが速い
持ち味：決断が速い。物事を速く進める

この方法を使ってメンバーと対話することもおすすめです。

自分の持ち味の副反応としての弱みの行動は、弱みではなく強みの先にあるものと捉えると受け止めやすく、対策をとることに抵抗感が低くなります。結果として、**強みをさらに伸ばした形で弱みも克服できる**ようになっていくのです。対話のコツは、次節でご紹介します。

方法② 質問を投げかけて「当たり前」から「宝石」を見つける

2つ目の方法は「当たり前からの宝石探し」です。

持ち味は、意外と本人は気づきにくいものです。そこで、次のように質問を投げかけながら、本人にとっては日々の当たり前の考え方や行動から持ち味を探求していきます。

なお、回答の際には、「後輩もいる立場だから○○と答えなければならない」など、メンバーが自分の仕事や役割に引っ張られないことが大事です。あくまで、**自分が自然にやっていること、感じることを答える**ように伝えましょう。

［質問を投げかけて持ち味を発見する例］

質問：自分の仕事や役割でもないのに、頼まれなくてもすることは？
回答例：飲み会の企画・幹事
持ち味：みんなが楽しむ場を考えるのが好き

質問：他の人はいやがるけれど、自分は無理なくこなせてしまうことは？
回答例：人の悩み相談を最後まで聞く
持ち味：人の気持ちに寄り添える

質問：ついつい没頭すること、熱が入ることは？
回答例：プロジェクトで生じたトラブルの火消し
持ち味：問題を解決することが好き

質問：「これをやったらダメ」といわれてつらいことは？
回答例：新しい環境に飛び込むこと
持ち味：好奇心が旺盛

質問：他の人に「なんでこんなこともできないの」とイライラすることは？
回答例：論理的に話ができないこと
持ち味：物事を論理的に考える

実際にはメンバーと対話をしながら発見することになりますが、このような質問をしたらどのような答えが返ってきそうでしょうか。想像しながら読んでいただけると、実際の対話が楽しみになってくるはずです。

5

持ち味を引き出す対話のコツ

持ち味は自分自身で気づきにくいものです。そのため、対話しながら「持ち味を発見」していくことがおすすめです。特に、**メンバーの仕事ぶりを間近で見ているマネジャーの皆さんこそ、力を発揮できる**チャンスです。

持ち味発見の対話を進めるポイントについて見ていきましょう。

「あなたらしい活躍をしてほしい」気持ちを伝える

いきなり、「あなたの持ち味は何？」と聞かれてもメンバーはとまどうものです。次の話し方を参考にまずは「持ち味の説明」からスタートしましょう。

「持ち味とは、その人にとって苦も無く、自然にできる考え方、行動のパターンのことで、知識や技術など身につけることができるものとは違って、その人が本来持っているものです。誰もが何かしらの持ち味を持っていて、あなたにもいろいろな持ち味があると思っています。

この持ち味は強みにも弱みにもなるもので、たとえば、

弱み：相手の反応が気になって、自分の意見がいえない
強み：相手の反応を察して行動できる
持ち味：人の意図や感情を自然と考える

というものです。

強み、弱みを見ることも大事だけれど、その根っこにある自分の持ち味を見ることで、弱みをカバーしながら自分らしい力を発揮することにつながります。

あなたらしい活躍を考えるために一緒に持ち味を探してみましょう」

ここで大事なことは「あなたらしい活躍をしてほしい」というスタンスです。「もう中堅なのだから、○○してほしい」「3年目なのだから、○○をやってほしい」という組織

目線はいったん保留して**「あなたという人を見ている」「あなたらしい持ち味を活かしてほしい」**という思いで話してみてください。

その上で、前節で紹介した「弱みの裏返し」や「当たり前からの宝石探し」を使いながら「持ち味発見」を説明してみましょう。

その際、皆さんの「弱みの裏返し」を話すことも効果的です。「上司は仕事ができる」「しっかりしている」というイメージが強ければ強いほど、「この人にも弱みがあって、それが持ち味にもつながっているんだ」「持ち味を活かすってこういうことなんだ」と実感が湧きやすくなります。また、皆さんの弱みを自己開示することによって、心理的安全性を高める効果も期待できます。

実際に対話をする中で、持ち味がなかなか出てこないな、という場合は皆さんが普段感じているその人の強みや弱み、持ち味をフィードバックしてあげてください。強み、弱み、持ち味を伝えるだけでなく、**そう感じた具体的な経験も一緒に話す**といいでしょう。

たとえば次のような伝え方です。

「『心配性で新しいことに取り組めないのが弱み』といっていたけれど、それは○○さんの『物事の先を考える』という持ち味だと私は思っているんだ。プロジェクト会議のときに発言してくれる想定リスクのことが、安定したプロジェクト運営にとても役立っている。プロジェクトリーダーもそういっていたよ。これは○○さんの強みだよね」

「先週、後輩のAさんが『困っているときに○○さんに助けてもらった』といっていたよ。ありがとう。前から思っていたけれど、○○さんは周りのメンバーが困っているときにまっさきに気づいて声をかけてくれているよね。それが○○さんの『人の気持ちがわかる』という持ち味で、強みとなって行動に出ていると思うよ」

具体的な経験がイメージできることで、本人の納得感が増します。また「マネジャーは自分のことを見てくれている」という皆さんに対する信頼感アップにもつながります。「フィードバックが難しいな」と思う方も、事前に対象となるメンバーの「弱みの裏返し」を行い、持ち味をいくつか考えておくと対話がしやすくなるでしょう。

第三者からのフィードバックを共有する

もう1つのポイントは第三者からのフィードバックを活かすという方法です。

「最近受けた周囲からのポジティブなフィードバックはどのようなものがありますか？」

これは、研修参加者の皆さんに私がよく聞く質問です。

10年以上、いろいろな企業でいろいろな方にこの質問を投げかけていますが、スッと答えられる人は2～3割程度です。あくまで私の経験に基づくものではありますが、**普段の仕事の中でポジティブなフィードバックが少ない**という印象です。皆さんはどうお感じでしょうか。

もちろん、お互いに持ち味に気づいていないというケースもあるかもしれませんが、実際はそうでもないことが多いものです。

研修などで「普段感じているお互いのいいところ、持ち味をフィードバックしましょう」というワークをすると意外とたくさん出てきます。そして、「えっ、そんな風に感じていたのですか」「そう見てくれてうれしいです」という反応が多く、皆さんの顔に笑みが浮かびます。

このように、一緒に働いているメンバーは意外とお互いの持ち味を見ています。

持ち味は、多くの人からフィードバックされたほうが納得感が増すもので、マネジャーとメンバーの2人だけでなく、複数人やメンバー同士で実施することも効果的です。朝礼や定例ミーティングなどの機会に**10分でいいので、お互いの持ち味をフィードバック**する機会をつくってみてください。

なかなか機会をつくるのが難しい、という方はメンバーが他の人の持ち味をどう思っているのかを1on1やランチの機会などを通じて聞いてみましょう。その話を対話の際に伝えることで、メンバーの持ち味の発見、納得感の向上につながります。

「自分のことをちゃんと見てくれてうれしいです」

最後に、実際に「持ち味」対話を実施したマネジャーの事例を紹介しましょう。

期待をしているメンバーに何とかがんばってもらいたいと、「○○さんならもっとできる」「ここを改善しよう」と1on1で繰り返し話していたマネジャー。

しかし、メンバーは、

「マネジャーは自分にダメ出しをしてプレッシャーをかけてくる。正直1on1の時間がつらい」

と周囲に不安とグチを漏らしていました。そのため、お互いに会話はぎこちなく、距離感があったようです。

そのような中、うまくいかないことに焦りを感じていたマネジャーが、持ち味対話を学んで実践してみたら、少しずつメンバーの反応に変化が生まれてきたといいます。

もちろん、いきなりうまくいくことはなく、最初はメンバーも「また何かさせられるのでは」と警戒している様子でした。

しかし、持ち味の説明や、マネジャーが感じているメンバーの持ち味を何度か1on1で話していくうちに、

「自分の弱みがいいところだといわれ、自信が湧きました」

「弱み、強みの根っこに自分の持ち味があるとわかって、ほっとしました」

「マネジャーが自分のことをちゃんと見てくれていたのが、うれしいです」

「今まで厳しくいっていたのは、自分に期待してくれていたのですね。がんばってみます」

と、前向きな反応に変わっていったそうです。

このように**「自分は大丈夫かな」と不安を抱えているメンバーは多い**ものです。チャレンジの一歩を踏み出せない人が多い現在、「弱みを克服するアプローチ」「強みを伸ばすアプローチ」から、「持ち味を活かすアプローチ」へ転換し、メンバーの自己肯定感を育むことが必要です。

メンバーと一緒に持ち味を探求し、自己肯定感を育みながら、成長に向けて一歩踏み出す土台を築いていきましょう。

第4章

[挑戦する勇気]

「内面化動機」で「やる気」を引き出す

ステップ3

「内発的動機」ではなく
「内面化動機」を引き出す

竹田課長の憂鬱

「淡々と仕事をこなすだけで本当にいいの？」

課長になって4カ月。悪戦苦闘しながらも、なんとか時間を確保してメンバーと1on1を続けています。

相馬さんとはキャリアの目的や持ち味について話すことで距離感が縮まってきたように感じています。お決まりのワンフレーズの会話もなくなり、今では自分から意見や悩みの相談をしてくれるように変化してきました。

また、「持ち味」についてじっくりと対話をした頃から、彼が自身で強みや弱みと向き合えるようになり、苦手なことも周りに相談しながら取り組むようになってきました。少しずつですが、相馬さんが自分らしさを発揮できているように感じます。

一方、気になっているのは山口さんです。

35歳の女性で一昨年、育休から復帰。どうも淡々と仕事をするだけで、前向きさが感じられません。1日6時間の時短勤務の中で、与えられた仕事を時間通りに仕上げるのはすごいと思っていますが、自分の役割の線引きが強く、「ここまでは私の担当ですが、この仕事は私の役割ではありません」という態度が気になります。

彼女の物事をロジカルに考える力を活かすことや、今後の成長を考えたら、もっといろいろとチャレンジすればよいのに、と思ってしまいます。

また、周囲が困っていても助ける様子もなく、自分の作業に専念する感じがメンバーとの距離感を生んでおり、組織運営としても悩ましいところです。

そんなこともあって、先日の1on1で思い切って踏み込んでみました。

「山口さんは依頼した仕事を期日までに仕上げてくれるのでとても助かっています。最近は仕事も落ち着いてきていると思うけれど、何かチャレンジしたいことはない？」

「いえ、特に。今の仕事で大丈夫です」

「今やっている仕事のままでも、もう少し工夫したり、幅を広げてみたりするのはどう？山口さんの成長にもつながるし、周りも助かると思うんだ。このあたりの動きができるとステップアップというか昇格もできると思うんだよね」

「うーん……私は自分の役割をしっかりできれば満足ですし、共働きで収入は今くらいで問題なく、昇格にも興味がありません」

「そうか……でも、同じ仕事を淡々としていても、面白くなかったり、やりがいが感じられなかったりしないかなと心配していて」

「仕事に面白さですか？　仕事はお金をもらうためにやっているので、面白みを求めるものではないと思っています。与えられた役割をこなしてその対価をもらう。仕事ってそういうものですよね？　それに、プライベートが充実すればいいので、これ以上仕事が増えるのは避けたいです」

と、見事に撃沈。

働き方や価値観が多様化しているので、山口さんの考えもありかなと思いつつ、これで彼女の成長や組織のパフォーマンスが上がるのかとモヤモヤしています。

1

やる気に関するこれまでの視点
──外発的動機付けと内発的動機付け

「メンバーのモチベーション」はマネジャーの最大の悩み

当たり前のことですが、メンバーが大きく成長するには主体的な行動が必須です。メンバー一人ひとりがやる気を持って自ら動く。言葉にすれば簡単ですが、これがいかに難しいことか、身に染みている方も多いのではないでしょうか。

竹田課長と同じく、**「どうやってメンバーのやる気を引き出したらいいのかわからない」**という切実な声も多く耳にします。

研修でお話をうかがうと、メンバーのやる気を引き出すために具体的には次の2つのアプローチをとるマネジャーが多いようです。

・「この仕事をがんばって評価されたら、主任に昇格できるよ」とインセンティブを用いる
・「これからやってみたい仕事は何？」と本人の気持ちを聞く

前者は「**外発的動機付け**」、後者は「**内発的動機付け**」という視点です。竹田課長が山口さんにかけた「このあたりの動きができるとステップアップというか昇格もできる」という言葉は「外発的動機付け」の典型的な事例となります。

そもそも「動機付け」とは、人が目的や目標の達成に向けて行動を起こし、持続させるときの心理的過程を表す心理学用語で、一般的にはモチベーションといわれるものです。

それぞれの動機付けについて見ていきましょう。

外発的動機付けは長続きしにくい

外発的動機付けは、

「このレベルをクリアしないと人事評価が下がる」

「ここで成果を上げたら昇格できる」
「MVP受賞など、評価・賞賛を得ることができる」

など、**外から与えられるものに対してやる気が引き出される**、というものです。

メリットには、「わかりやすくて万人に動機付けができる（仕事そのものに関心や興味が薄くても、やる気を引き出すことに有効）」「即効性があるので短期間でやる気を引き出せる」などがあります。

デメリットとしては、「給与やポジションなどでは限りがあるので使い続けることが難しい」「報酬を得た後、効果が長続きしない」などがあります。

内発的動機付けは扱いにくい

内発的動機付けは、

「この分野の研究をやることが楽しい」
「プログラムを書いていると時間を忘れて没頭する」
「多様な文化の人たちと刺激し合いながら、協働することが楽しい」

図4-1　外発的動機付けと内発的動機付け

	外発的動機付け	内発的動機付け
定義	・報酬、評価、罰則、義務など外的な見返りによって動機付けられること	・興味・関心、そこから得られるやりがいや達成感など内面的な欲求から動機付けられること
メリット	・シンプルでわかりやすく、万人に効きやすい ・即効性がある	・高い集中力が発揮され、質の高い行動につながる ・主体的な行動が成長につながる ・長続きしやすい
デメリット	・報酬には限りがあるので、使い続けるのが難しい ・効果が長続きしない ・内発的動機を奪う可能性がある	・外側から関与するのが難しい ・個人によって動機付けのポイントが異なるため、扱いづらい ・本人も自分の動機付けポイントが理解しにくい

など、**仕事への興味・関心といったその人の内面から出てくるものがやる気を引き出す**、というものです。

メリットには、「その仕事（行動）をすること自体が目的になるので、高い集中力が発揮され、試行錯誤しながら、質の高い行動を主体的に続けられる」「結果的に仕事の質も高まる」「主体的に仕事に取り組むので成長につながる」などがあります。

デメリットには、「内発的動機付けは外側から関与するのが難しく、個人によって動機付けのポイントが異なるため、扱いづらい」「本人も自身の動機付けのポイントを掴むことが難しい」という点があります（図4－1）。

いずれのアプローチも難しい時代

この10年、価値観の変化や働き方の多様化が進み、**外発的動機ではやる気を引き出せない若手、中堅メンバーが増えている**といわれています。


「次は主任になるのだから、こんなチャレンジをしよう」

「これくらいできたら高い評価がもらえるよ」

と働きかけても、

「昇格や昇進に関心がないので、そこまで高い評価でなくても大丈夫です」

「共働きなので、無理をしてまで働いて給料が上がらなくても大丈夫です」

などと返ってくることが多くあります。


一方、外発的動機では限界があることや、一人ひとりの主体性や創造性を引き出すために内発的動機を重視する声も世の中で広がっています。

マネジャーの皆さんも、会社から「メンバーともっとコミュニケーションをとるように」「本人が考えるキャリアや、本人がやりたいことを話し合うように」といわれている

のではないでしょうか。そのような背景もあり、１ｏｎ１や定期面談などで、

「これから、どういうキャリアを歩みたいと考えている？」

「やりたいと思っている仕事はある？」

と聞いても、

「将来といわれても……難しいですね」

「特にやりたいことはないので、今の仕事で大丈夫です」

「今の仕事ではなく、○○の仕事（実際には任せるのが難しい仕事）をやらせてください」

と、マネジャーがその先の会話に困るケースをよく耳にします。

実際に企業で働いていると、メンバーの思いを聞いても、興味・関心のある仕事だけをやれるわけではなく、異動を自分で決めることができないから悩ましい、というケースが多いです。また、**メンバーの思いを聞いても出てこない**ことも多く、マネジャーの悩みの種となっています。

もちろん、外発的動機付けや内発的動機付けがうまくいくケースもあります。

しかし、多くの場合、**いずれのアプローチも効果が薄く、動機付けが難しい**というのが現状なのです。

2

新たに提案したい視点
――内面化動機付け

目の前の仕事に価値や意味を見出す

やる気を引き出す第3の視点として、私たちが新たに提案したいのが**「内面化動機付け」**です。

外から与えられるものという視点では外発的動機付けと同じですが、そこに自分が大切にしている価値観や発揮できる持ち味を重ねることで、仕事に意味を見出し、やる気を引き出すことができる、というものです。たとえば、

「この仕事は、自分を成長させることができる」
「このプロジェクトでは、自分の持ち味を発揮することができる」

など、与えられた仕事に対して自分の内面（価値観や持ち味）を重ねることで動機付けられ行動するという状態です。

皆さんも、最初は「嫌だな、大変だな」と思っていた仕事でも、**やっていくうちに面白さや価値を感じるようになり、いつの間にか自分事化**した経験はありませんか。

これが内面化動機付けの考え方です。

昇格や昇進に関心がないメンバーが増えていること、自分の興味・関心のある仕事だけをできるとは限らない企業の現実の中で、メンバーのやる気を引き出すには、内面化動機付けによって、目の前の仕事に価値や意味を見出すことがカギになります。そのやる気がメンバーの主体的行動を生み出し、成長につながっていきます。

少し専門的な話になりますが、内面化動機付けの理論的背景をコラム2でご紹介します。早く内面化動機付けの方法を知りたいという方は、まずは次節を読んでいただき、その後コラムに戻っていただいても大丈夫です。

Column 2

内面化動機付けの理論的背景

内面化動機付けの理論について、名古屋大学名誉教授の速水敏彦先生の『内発的動機づけと自律的動機づけ』を参考に説明します。

米国の心理学者のエドワード・デシとリチャード・ライアンは内発的動機付けを発展させて「自己決定理論」を提唱しました。

自己決定理論では、外発的動機付けと内発的動機付けを二律背反的にではなく、1つのつながったものとして捉えています。たとえば、最初は与えられた仕事で仕方なくやっていた状態から、やっているうちに自分の持ち味が活かせたり、仕事の価値や面白さを感じることで、いつの間にか自分事化していく状態です。自分の興味・関心のある仕事だけをできるとは限らない現実社会において、この自己決定理論にメンバーのやる気を引き出すヒントがあります。

もう少し詳しく説明すると、このプロセスは自律性の高低によって、非動機付け段階から内発的動機付け段階まで大きく4つ、各段階のプロセスを含めて6つの段階に分けることができます。

デシとライアンは、外発的動機付けと内発的動機付け、非動機付けの3つに分類していますが、私たちは図4－2の④、⑤が仕事の実務において重要と考え、「内面化

図4-2　自己決定の連続帯としての動機付けの種類

動機付けのタイプ		定義
内発的動機付け	⑥内発的動機付け	すること自体が目的で行動する状態
内面化動機付け	⑤統合的動機付け	外からの要請や期待に対して、自分の価値観や欲求と矛盾しないかたちで自然と行動する状態
	④同一化的動機付け	外からの要請や期待を自分にとって価値あるもの、重要なものと意識して行動する状態
外発的動機付け	③取入れ的動機付け	外からの要請や期待を自分に取り込んでいるが、十分に受容できておらず、やらされ感がある。消極的だが自分から行動を起こそうとする状態
	②外的動機付け	他者からの報酬を得るためや罰を避けるため（外的要求を満たすため）に動機付けられ、行動をする状態
非動機付け	①非動機付け	活動する意図を持たない状態

速水敏彦『内発的動機づけと自律的動機づけ』（金子書房）を改変

動機付け」として独立して取り上げることにしました。

内面化動機付けとは、外からの要望に対して、そこに自分が大切にしている価値観や発揮できる持ち味を重ねることで、その仕事に意味を見出すという動機付けです。

現実社会において、人のやる気を引き出し、維持するには、最初は外発的動機付けで行動したとしても、内面化動機付けによって、目の前の仕事に価値や意味を見出し、自律的に、継続的に行動するよう変化を促していくことがカギとなります。

3

「キャリアの目的」と「持ち味」から内面化動機を生み出す

ポイントはキャリアの目的や持ち味との整合性

内面化動機を生み出し、メンバーの主体的な行動を引き出すには、第2章で紹介した「キャリアの目的」と第3章で紹介した「持ち味」が重要です。

というのも、内面化動機付けは、外からの要請や期待であっても、その人の価値観や欲求と矛盾しないことがポイントとなるためです。

逆にいえば、**メンバーが自己理解を深めていない場合や、マネジャーがメンバーを理解していない場合には内面化動機付けでやる気を引き出すのは難しい**ということです。

内面化動機付けのアプローチを用いる際には、改めて「メンバーの価値観やキャリアの目的」「メンバーの持ち味」を棚卸ししておきましょう。今の仕事や新しく担当してもらいたい仕事に対して、これらを重ねていくのです。

具体的には、**「ジョブ・クラフティング」の手法**を活用します。これは、2001年にイェール大学のエイミー・レズネスキー教授とミシガン大学のジェーン・E・ダットン教授が提唱した考え方で、「働く人たちが、仕事経験を自分にとってよりよいものにするために、主体的に仕事や職場の人間関係に変化を加えていくプロセス」を指します。

ジョブ・クラフティングには3つのアプローチがあります。

- **業務クラフティング：業務の内容や方法を変更すること**
- **関係性クラフティング：人との関係性の質や量を変化させること**
- **認知的クラフティング：仕事に関わるものの見方を変えること**

この3つのうち、3番目の認知的クラフティングの考え方が内面化動機を生み出すための手法として役に立ちます。

図4-3 内面化動機を生み出す4つのステップ

ステップ	概要
①業務の棚卸し	担当している(これから担当する)個々の役割、業務を洗い出す
②自己の棚卸し	自分の価値観、キャリアの目的、持ち味を再確認する
③仕事と自分とのマッチング	自分の価値観、キャリアの目的、持ち味を洗い出した自身の役割、業務と関連づける
④アクションプランへの落とし込み	実際の仕事を③で作成したイメージに近づけるための具体的な行動を考える

高尾義明『「ジョブ・クラフティング」で始めよう 働きがい改革・自分発!』
(日本生産性本部 生産性労働情報センター)を引用、一部改変

マネジャーとメンバーが一緒に進めていく

ここからは、東京都立大学大学院の高尾義明教授の著書『「ジョブ・クラフティング」で始めよう 働きがい改革・自分発!』を参考に認知的クラフティングの進め方についてご説明します。認知的クラフティングによって内面化動機を生み出すためには「①業務の棚卸し」「②自己の棚卸し」「③仕事と自分とのマッチング」「④アクションプランへの落とし込み」という4つのステップがあります(図4-3)。

メンバーと一緒に実践することを想像しながら進め方を見ていきましょう。具体的

な例は図4－4をご覧ください。

①業務の棚卸し

まずは、メンバーが現在担当している業務、これから担当する業務を書き出していきます。このときの**ポイントは細分化**することです。

たとえば、「プロジェクトマネジメント」という大きな仕事の単位ではなく、ブレイクダウンして「A案件のプロジェクトの計画立案」「プロジェクトの進捗管理」「プロジェクトの予算管理」「顧客との交渉」「メンバーのフォロー」「チーム会議の運営」「後輩の育成」「次の案件獲得に向けた情報収集」などのレベル感で書き出していきます。数は少なすぎず多すぎず、**7個～15個程度**がおすすめです。

②自己の棚卸し

次に、第2章、第3章で考えたメンバーの「自分の大切にしている考え方（価値観）」や「どういう存在でいたいのか（キャリアの目的）」「苦も無く、自然にできる考え方、行動（持ち味）」を改めて確認します。目の前の仕事に意味や価値を見出すための内面化動

図4-4 内面化動機を生み出す4つのステップ(具体例)

ステップ① 担当業務の棚卸し	ステップ②、③ 「価値観」「キャリアの目的」 「持ち味」とのマッチング	ステップ④ アクションプラン
A案件のプロジェクトの計画立案	・責任感、達成志向 ・新しいことへチャレンジする存在でいたい ・常に一歩先を考える持ち味	・既存のやり方が中心だったが、〇〇については、〇〇のやり方に変えてみる
プロジェクトの進捗管理	・責任感・達成志向 ・常に一歩先を考える持ち味	
プロジェクトの予算管理	・責任感	
顧客との交渉	・責任感、達成志向 ・常に一歩先を考える持ち味	
メンバーのフォロー	・一体感のあるチームをつくりたい ・困っている人を放っておけないという持ち味	・チーム会議では進捗報告や情報共有が中心だったので、メンバー同士が困っていることや、うまくいった取り組みを話す時間をつくる。そのことでメンバー同士でフォローする、刺激し合えるチームをつくる
チーム会議の運営	・達成志向 ・一体感のあるチームをつくりたい ・常に一歩先を考える持ち味	
後輩の育成	・人の成長に関わることが好き	
次の案件獲得に向けた情報収集	・新しいことへチャレンジする存在でいたい ・常に一歩先を考える持ち味で、お客さんに必要な情報収集	・お客さんの業界の環境変化に関する情報を集める。まずはインターネットで

機付けは、メンバーの自己理解が深まっていないとなかなか進みません。そのことからも、**改めて振り返り**を一緒に行ってみましょう。

③仕事と自分とのマッチング

業務の棚卸しと自己の棚卸しができたら、2つをマッチングさせます。メンバーの価値観と重なる部分はないか、キャリアの目的という視点で考えたら当てはまる業務はないか、持ち味を発揮できそうなことはないか、と結びつけてみましょう。

1つの業務に価値観やキャリアの目的、持ち味がすべて重なることや、重なりが一部分のところなど**濃淡は出てくる**ものと割り切ってやってみましょう。重ならない部分が出てきても、気にしなくてOKです。仕事をしていると、重ならない部分があってもやらなければならないものが出てくるのはごく当たり前のことです。

業務とメンバーの価値観やキャリアの目的、持ち味のマッチングができたら、全体を見て「価値観やキャリアの目的を実現できそうか」「持ち味を発揮できそうか」と問いかけながら、メンバーと一緒に意味づけをします。

このときも100％の合致や正解を求める必要はありません。正解かどうかは誰にもわかりません。大事なことは**メンバーにとって「しっくり感があるか」**ということです。「意外と自分と重なっている部分が多い」「今まで淡々とやっていたけれど、仕事の見え方が変わってきそうだ」「キャリアの目的と重なる部分があって前向きになれた」とメンバーが感じるくらいを目指しましょう。

「この仕事はマネジャーから与えられたけれど、自分にとって意味がある」と思えることが内面化動機付けになるのです。

④アクションプランへの落とし込み

最後はアクションプランへの落とし込みです。

ここで大事なことは、まずは小さく始めること。いきなり大きな変化を起こすというのもありですが、いったんブレイクダウンして、まずは**実現可能なチャレンジ、具体的なアクション**を考えてみます。

アクションについては、棚卸ししたすべての業務で考える必要はありません。メンバーが「これだ！」と思うことを2〜3個一緒に考えてみましょう。

小さいけれども、メンバーが「自分にとって大事な一歩」と思える内容を一緒に描いていきます。

ぜひ①〜④を活用して、内面化動機を生み出しながら、メンバーの具体的なアクションやチャレンジにつなげていきましょう。この一歩が**メンバーの変化を生み出すきっかけとなる**はずです。

4 やる気を引き出す対話のコツ

内面化動機付けのアプローチでやる気を引き出すには、対話の進め方にもコツがあります。ポイントは3つありますので、それぞれ見ていきましょう。

部署の存在価値を語る

内面化動機を生み出すための基本的な考え方は、メンバーの価値観やキャリアの目的、持ち味と今の仕事、これからの仕事を重ねることですが、部署の存在価値が明確になっていないと、重なりを見出せないことがあります。

そのため、マネジャーが対話の際に「自部署の存在価値、仕事の価値を語る」ことも重要なポイントになります。

全社的な企業理念やパーパスなどは語られることがあっても、自部署の存在価値、仕事の価値が語られる機会は多くはないようです。ぜひ節目のミーティングや1on1の場でメンバーと一緒に**「自部署は、誰に、どのような価値を提供しているのか？　自分たちの仕事は誰に役立っているのか？」**を話してみましょう。顧客や、他部署、仕入れ先など、仕事に関わる人をいろいろと思い浮かべながら、考えてみてください。

その上で、メンバーの価値観やキャリアの目的、持ち味と重ねてみると、内面化動機付けが進みやすくなります。

阻害要因を考え、周りを巻き込む

アクションを実施する際に、メンバーと一緒に阻害要因となることも洗い出してみましょう。**「やってみたいけれど、これが壁になる」「周りの目が気になる」**など、**障害を事前に考える**ことで、アクションを進みやすくします。その際、マネジャーだけが支援するのではなく、周りのメンバーの支援も引き出せるようにすることがおすすめです。

ポイントは**情報共有**です。**「お互いがどのようなことに取り組みたいと考えているのか**

を理解し合うこと」で支援しやすくなります。

具体的な仕掛けとしては、

「朝礼や会議などでお互いに考えたアクションを発表してもらう」

「4つのステップを職場のメンバー全員で話し合う機会を設ける（希望者を募っての実践でもOK）」

「通常の1on1を1on2（マネジャーとメンバー2人）という形に変えて実施する」

などがあります。実施するとメンバー同士の相互理解が深まり、実際のアクションを行う際にかかわりが生まれやすくなります。

定期的に振り返りを行う

内面化動機付けは一度やれば終わりではありません。当たり前ですが、日々忙しく仕事をしていると考えたことも徐々に薄まっていきます。

そこで、節目での1on1などで定期的に振り返りを実施することをおすすめします。小さなチャレンジの繰り返しが大事なので、**2週間から1カ月に1回**の頻度が望ましいで

しょう。振り返りの対話では、

「この2週間（あるいは1カ月）の仕事を振り返って、自分なりに意識したこと、工夫したところ、がんばったところは？」

「自分の価値観、キャリアの目的と重なった部分は？」

「自分の持ち味を発揮できた、と感じたことは？」

「反対に、難しいなと感じたことは？」

「次の2週間（あるいは1カ月）、続けてみたいこと、新たに取り組んでみたいことは？」

と、メンバーの振り返りを促進し、メンバー自身が、自分で内面化動機付けをできるように支援していきましょう。そうすることで、メンバーと仕事の重なりが深まり、やる気が生まれ、より主体性が増していきます。

こちらの振り返りも1on1だけでなく、複数の**職場メンバーを巻き込んで実施**すると、より効果が高まります。

5

「チャレンジする力」を育てる

本章では「やる気を引き出す」をテーマに内面化動機付けの方法を見てきました。人は実際の経験を通じて成長します。ただし、その経験の質が重要で、**淡々と仕事をこなすのでは大きく育つことはなく、主体的に試行錯誤しながらチャレンジするからこそ成長**するのです。

この「主体的に試行錯誤しながらチャレンジ」をメンバーが自らできるように、内面化動機付けを支援することが「育つ力」を育てることにつながります。**具体的なアクションがなければ成長はありません。**ぜひ、内面化動機付けという考え方を活用しながら、メンバーのチャレンジを引き出していきましょう。

そして、マネジャーの皆さんがこの関わりを継続することによって、「メンバーが自分で内面化動機付けできる力」を育んでいきましょう。

第 5 章

[折れない気持ち]

壁を乗り越えるための自己効力感を育む

ステップ 4

「成功思考」ではなく「成長思考」を育む

竹田課長の憂鬱

「やる前から失敗を怖がってどうする?」

課長になって半年が経ちました。相変わらず気苦労は絶えないですが、対話を重ねてきた結果、メンバーの行動に変化が見え、手応えも感じています。最近では、コミュニケーションが増えてきたことだけでなく、仕事中の表情や話し方などで、メンバーが困っていることを察知できるようになってきて、マネジメントがしやすくなってきました。

自分の役割の線引きが強かった山口さんも前向きな姿勢で、自分の仕事以外の部分でも「○○さんが例の案件で大変そうなので、手伝いましょうか?」と少しずつ周りを見て動いてくれるようになりました。また、持ち味であるロジカルさを発揮して「これまでのプロジェクトの進め方の問題点を整理してみたのですが、いかがでしょうか」とやり方の見直しを提案してくれるようにもなってきました。

小さな一歩かもしれませんが、これまでの彼女を考えたら大きな変化だと感じています。これも、2カ月前に撃沈した1on1の後、改めて山口さんとキャリアの目的や持ち味について対話をし、今の仕事と重なる部分を丁寧に一緒に見つけていった成果です。

また、そんな山口さんを見て、周囲の動きも変わってきました。山口さんがお子さんの発熱などで休んだときにサポートしてくれるなど、少しずつ自分がつくりたいチームに近づいている気がします。こう感じていたのが3週間前。今は新たな壁にぶつかっています。

山口さんが主体的になってきたので、より仕事の範囲を広げるために、1on1で新たなチャレンジについて話し合いました。

「山口さんが話していた『チーム全体がうまく回るために、課題を見つけて解決できる存在でいたい』というキャリアの目的を考えると、プロジェクトマネジメントの仕事をやってみるのはどうかな？　他の部署を巻き込むプロジェクトマネジメントなので山口さんにとってチャレンジだと思うけれど、持ち味の論理的思考がプロジェクトの抱えるさまざまな課題を解決するのに活かせると思うんだ」

「そうですね。自分の幅を広げられそうなのでやってみます」

前向きに受け止めてくれた山口さんに喜び、任せました。当初はいろいろと考えながら動いていたので安心していましたが、先週進捗を確認すると予定より大幅に遅れそうなことが発覚。急遽1on1を実施しました。

「あのプロジェクト、どうなっている?」

「なかなか難しいです。営業部が協力してくれなくて。どうやら今回の取り組み自体に納得いっていないようです」

「なんで納得いってないの?」

「それがよくわからなくて」

「そうか。でもそれを考えて乗り越えないといけないよね」

「そうなんですけど……プロジェクトのゴールと今の状況を考えたら、絶対に今のやり方が正しいと思います。向こうの頭が固いんです」

「いや、それで営業部が納得しないのなら、相手の視点に立って話さないといけないんじゃないかな。相手は具体的にどう納得していないの?」

「具体的なことは聞けていません」

「そこを一歩踏み込んで向こうと対話するのが、山口さんの仕事だと思うよ」

「でも、対話してさらにこじれてしまったら……」

「その気持ちはわかる。だけど、ここで止まっていたら何も進まない。営業部ともう一度交渉してみないか?」

「もう一度？　やっぱり私には難しいです。課長から営業部に働きかけていただけませんか」

「うーん……わかった。では、僕から話してみることにするよ」

ここ数年、難しいと思う仕事を乗り越えた経験がないからでしょうか。壁にぶつかると失敗を恐れて「自分にはできない」と思ってしまうようです。本当は山口さんにもう一度営業部と交渉して壁を乗り越えてほしかったのですが、時間的な余裕もなく、彼女が後ろ向きになるのも怖かったので、結局私が〝巻き取る〟ことになってしまいました。

ここで一歩踏み込むチャレンジが成長につながるはずなのに、もったいない話です。

ただ、以前の私ならこの状況で暗くなっていたのですが、今回はそこまで落ち込んでいません。メンバーとの関わり方を考え、変えていけば、少しずつだけれど変化を生み出すことができるという、ちょっとした自信を持てるようになっています。

山口さんの壁をどのように一緒に乗り越えていくのか。難しさを感じつつも、前向きに試行錯誤していきたいと思います。

1 壁を越えるには「自己効力感」が必要

〝壁を越えられないメンバー〟に不足するもの

関係部署に踏み込むことに不安を感じる山口さんとそれがもどかしい竹田課長。

皆さんも、成長を考えチャレンジを促しているとき、壁にぶつかって一歩踏み出せないメンバーに対して、

「ここをがんばればいいのに、なぜがんばれないのか」

「なんでこの一歩を踏み出せないんだ」

ともどかしさを覚えることはありませんか。

このようなメンバーが踏み出せない要因の1つとして「自己効力感の不足」があります。

第1章でも触れましたが、「自己効力感」とは、心理学者のアルバート・バンデューラが提唱した概念で、**「難しい問題があっても、なんとかできる」**という自信のようなものです。

自己効力感が高い人、低い人には次のような特徴があります。

［自己効力感が高い人の特徴］

・積極的にチャレンジする
・失敗を恐れず、困難に立ち向かえる
・粘り強くあきらめない
・ストレスに強い
・立ち直るのが早い

［自己効力感が低い人の特徴］

・失敗を恐れるあまり、チャレンジを避ける
・壁にぶつかると逃げる
・やる前からあきらめる

・ストレスに弱い
・立ち直るのが遅い

皆さんの職場はどちらのメンバーが多いでしょうか？

自己肯定感を土台に自己効力感を育む

第3章で「自己肯定感」について説明しました。改めて、自己肯定感と自己効力感の違いを整理すると次のようになります。

自己肯定感：「いいところもダメなところも含めて、自分を受け入れること。自分が自分であって大丈夫と思えること」という考え方

自己効力感：「難しい問題があっても、なんとかできる」という自信

自己肯定感は、自己防衛本能を抑えて、チャレンジの機会に一歩踏み出す際の重要な要素となります。しかし、チャレンジに壁はつきものです。

壁にぶつかってうまくいかないときに、自己肯定感はあるけれど自己効力感が低い人は、「やっぱり難しいから無理かもしれない。でも、うまくいかないことも自分だから仕方ない」とあきらめてしまう傾向があります。

一方、自己肯定感と自己効力感が高い人は、「この仕事は大変だ。でも、大丈夫。自分ならできる！」と思い、壁を乗り越えるための意欲と行動が引き出されていきます。

自己肯定感という土台の上に自己効力感を育むから、困難を乗り越えていこうという意思や行動が生まれてくるのです。

管理職に昇格する人は一般的に自己効力感が高く、がんばれないメンバーを見ると「なんでがんばれないのか」「ここで逃げちゃダメじゃないか」ともどかしさを感じることが多くあるといわれます。

けれど、**自己効力感が低いメンバーに、いくら「がんばれ！」といってもうまくいきません。**自己効力感を高めるアプローチが必要なのです。

ここで一番大切なことは**「成功体験を積み重ねる」**ことです。

「成功体験が人を変える」という言葉の通り、メンバーが実際の仕事を通じて、小さな成功体験を積み重ねていくこと。その環境づくりや支援がマネジメントに求められています。

成功思考から成長思考へ

成功体験を積み重ねて自己効力感を醸成することは「育つ力」を育てるための大事なステップですが、それだけでは十分ではありません。

時に成功体験が人の成長の足を引っ張ることもあります。**「成功体験のジレンマ」**と呼ばれるものです。

これは、成功体験を積み重ねた結果の副作用として、成功に囚われ、失敗を恐れるようになり、「だんだんと成功できる仕事を選ぶようになったり、慣れ親しんだ成功できる方法で仕事をこなしていくようになる」という状態を指します。いわゆる**「守りに入る」**ことです。

多摩大学大学院の田坂広志名誉教授の著書『成長し続けるための77の言葉』にこんな言葉があります。

人生において「成功」は約束されていない

しかし、「成長」は約束されている

難しい仕事にチャレンジすれば成功は約束されていませんが、精いっぱい取り組めば何か成長する、という意味です。

「育つ力」の源泉はその人がいつも成長しようと考えていることにあります。

仕事の成功だけでなく、成長という視点も持ちながら、難しいチャレンジを続けたり、新しいやり方に取り組もうとする成長思考を醸成することが、「育つ力」を育てるためには重要です。

2

「成長思考」を育む２つの段階

段階を追って進める意味

では、どうやって成長思考を育むのか。それは２つの段階で考えていきます。

段階①は**「成功体験から自己効力感を育む」**です。

前節で「難しい仕事にチャレンジすれば成功は約束されていないが、精いっぱい取り組めば何か成長することは約束されている」というお話をしました。本書をお読みのマネジャーの皆さんにはご理解いただけるものと思います。

しかし、最初からこのように考えられる人は多くありません。メンバーも、この点を理解できていないという前提で丁寧に関わることが必要です。

図5-1　成長思考を育む2つの段階

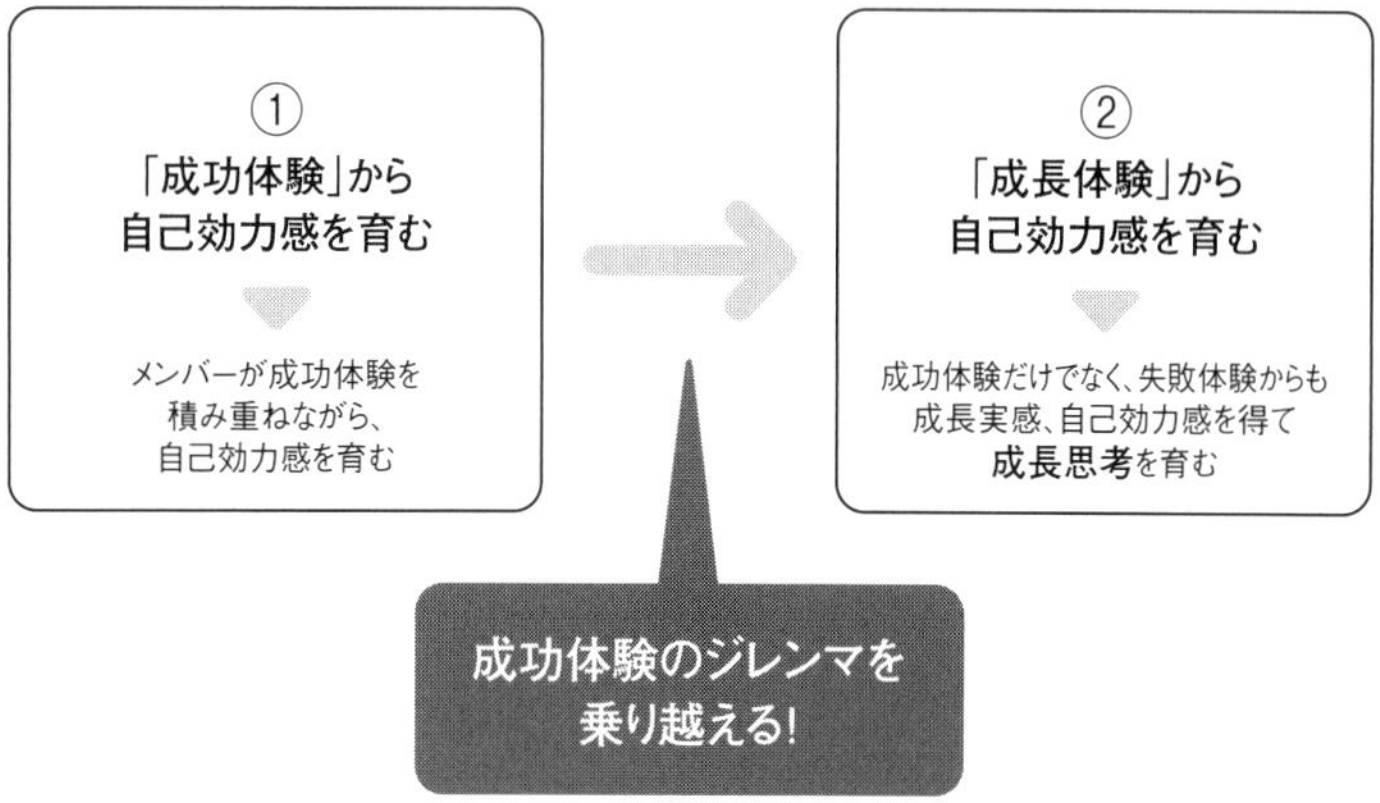
①
「成功体験」から
自己効力感を育む
メンバーが成功体験を
積み重ねながら、
自己効力感を育む
②
「成長体験」から
自己効力感を育む
成功体験だけでなく、失敗体験からも
成長実感、自己効力感を得て
成長思考を育む
成功体験のジレンマを
乗り越える!

いきなり「成長思考で行きましょう」といってもメンバーの心は動きません。

まずはメンバーが成功体験を積み重ねながら、自己効力感を育むという最初の段階が必要となります。

段階②は「**成長体験から自己効力感を育む**」です。チャレンジによって得るものは仕事の成功だけでない、成長もある。あらゆる経験を成長体験と捉えることで「成功体験のジレンマ」に陥ることなく、成長思考につながっていきます（図5－1）。

3

段階①

成功体験から自己効力感を育む

マネジャーの仕事は「後始末」ではなく「前始末」

段階①「成功体験から自己効力感を育む」の具体的な手法が**「前始末型のマネジメント」**です。「前始末」という言葉は聞き慣れないかもしれませんが、この反対語が「後始末」と聞けばイメージしやすいでしょう。

後始末型のマネジメントは、まずは仕事をアサインし、目的や目標を確認したらあとは任せっぱなしです。「何かあればいつでも相談して」と伝えることはしますが、途中でマネジャーからメンバーへ声がけをすることはありません。

そして、ある程度時間が経った段階で「そういえば、あのプロジェクトはどうなっている?」と確認。想像以上に進捗が悪かったり、期待と違う方向に向かっていることが発覚すると、結果責任を負っているマネジャーが口や手を出してしまうというパターンです。

このパターンでは結局**マネジャーがリカバリーしているので、メンバーは「自分でやった気がしない」**となり、自己効力感は高まりません。まさに竹田課長と山口さんのやり取りのような「事後処理＝後始末型」のマネジメントです。

うまくいっていないマネジャーの大半は、このように後始末をすることがマネジメントだと思い込んでいる節があります。しかし残念ながらこのパターンでは、能力も高く、もともと自己肯定感も自己効力感も備わっているメンバーしか育てることができません。

一方、あらゆる部下に有効になるのが、「前始末型のマネジメント」です。**何か起こる前に始末する**ので「前始末」というわけです。

何か起こる前に始末するなんて、占い師みたいなことできませんとよくいわれますが、とてもシンプルで、決して難しいものではありません。

事前にひと手間は必要になりますが、後始末に振り回されることがなくなると思えば絶対に〝お得〟なマネジメントメソッドになります。

「自分でやり切った」感覚を育む

「前始末型のマネジメント」も基本的にメンバーに任せることは変わらないのですが、任せ方が後始末型とは異なります。

仕事をアサインするとき、目的、目標の確認で終わらずに、その後どのように進めていくのかをメンバーに話してもらいます。**メンバーの話が急に曖昧になったり、具体性がなくなったりしたところがマネジメントのポイント**です。

仕事の見通しを最初に立てながら、難しそうなところや不安なところを確認し、必要なリソースを一緒に考えたり、知識・情報不足であれば学ぶことを確認したり、周囲にサポートを頼むことなどをメンバー自身が考えるように促します。

そして、どのタイミングで一緒に進捗を確認し、相談する場を設けるかも話し合います。相談の場でも、メンバーが抱えている課題や乗り越え方をメンバーが考えるように促します。このような関わり方によって、予想外の進捗遅れや期待と違う方向に向かうことなく、メンバーも自分で考え、取り組んでいる感覚を持つことができます。

前始末というのは、事前に阻害要因をマネジャーが取り除くのではなく、**メンバー自身が前始末をする**＝メンバーが常に仕事の見通しや阻害要因を考えながら、試行錯誤して仕事を進めることなのです。

その結果、最終的に**「大変だったけれど、自分でやり切った！」**となり、自己効力感が高まっていきます。

「前始末型のマネジメント」のポイント

「うちのメンバーはそんなに素直に話をしてくれるかな」「仕事の見通しなんてイメージできるかな」と不安になるかもしれませんが、大丈夫です。これまでの章で学んだことを土台としながら、次の5つのポイントを押さえて実践すればうまくいきます。

①メンバーが仕事のプロセスをイメージする

皆さんは、仕事をアサインする際にどんなことに気をつけていますか。

前始末型のマネジメントでは、仕事の目的や目標を伝えることはもちろんですが、それだけでは終わりません。この仕事をどのように進めていくのか、という達成までのプロセスをイメージしてもらいます。

このとき、いきなり各論に入るのではなく、まずは**大きなステップから考える**ように促してみましょう。

たとえば、何かを企画して実行する仕事なら、「情報収集→分析→あるべき姿を描く→現状とのギャップから課題を見つける→課題解決施策の立案→関係者の巻き込み→施策の実行→振り返りと実行の繰り返し→報告」というイメージです。

このような例を伝えながら、メンバーに「今回の目標に向かっていくつかのステップに分けるとしたら、どんな流れになりそうだろう」と問いかけて、まずは考えてもらいましょう。

ただし、初めて経験する業務などでは、ステップを描くことができないケースもあります。そのような場合はマネジャーからメンバーにステップを伝えていきます。

大きな流れが描けたら、各ステップの進め方をメンバーに考えてもらいます。

「情報収集をやろうとしたら、どのように進めるか」

「どれくらい情報が集まればよさそうか」

「いつぐらいまでに完了するとよいか」

「進める上で不安に感じること、難しいと思うことはあるか」

「そこが阻害要因になりそうなら、どんな打ち手が考えられるか」

など、**メンバーの考えや気持ちを引き出し**ながら、ステップのゴールや課題、アクションを考えるように促していきます。


同時に、マネジャーが「この辺が怪しいな、つまずきそうだな」と感じたポイントは、要フォローのタイミングです。１ｏｎ１や会議などを設定し、つまずいた状態で停滞しないように注意しておきましょう。

②ステップごとに対話をする

次のポイントは、大きなステップが変わるタイミングで対話をしながらメンバーの進んでいる感（小さな効力感）を醸成することです。

チャレンジングな仕事には不安がつきものです。そのときに、**「大変だけど、一歩ずつ進んでいる」**という感覚、言い換えると**「小さな自己効力感」**を持つことが、メンバーの主体的な行動を引き出していきます。

「情報収集について、100点満点で何点くらいまでできたと思う?」
「今回、工夫したところは?」
「今回のプロセスでの学びや気づきは?」
「振り返って感じる自分の変化は?」

など、ここでもメンバーが考えるように促していきます。

このときに、マネジャーのほうで感じたメンバーの意識や行動の変化があれば、フィードバックをします。**自分の変化には意外と気づいていない**ことも多いものです。

このような対話を通じて、成長という視点での小さな自己効力感も積み重ねていきます。ついつい**仕事そのものに目が行きがちですが、メンバー自身にも着目**しながら進めていきましょう。

③ティーチングとコーチングを使い分ける

前始末型のマネジメントではメンバーが考えるように促すコーチング(問いかけをする)が基本ですが、それだけではうまくいかないこともあります。

コーチングの基本的な考え方は、「相手の中に答えがある」というものです。しかし、実際に仕事を進めていくと情報、経験不足などの理由でメンバーの中に答えがないことも多々あります。このような状態で考えるように促しても、**「何がわからないか、わからない状態」**になり、停滞してしまいます。このようなときは、マネジャーから**ティーチングする（正解を教える）ことも大事な関わり**になります。

時々ティーチングは悪で、コーチングが素晴らしいという偏った考えが聞かれます。大事なことは、メンバーの状態を見ながらコーチングとティーチングをバランスよく活用することです。なお、コーチングをマネジメントに活用するための考え方については第7章でも説明していきます。

④耳の痛いフィードバック

パワハラや退職を恐れてメンバーに強くいえないというマネジャーが増えていますが、メンバーに成長してもらうためには、時に耳の痛いフィードバックも必要となります。

仕事を進める上で、「これは絶対にやってはいけない」「ここで逃げてはいけない」など、**一歩踏み込んだ関わり**はメンバーの「育つ力」を育てるためには不可欠なものです。

耳の痛いフィードバックをするときの注意点は本節末のコラム3にまとめます。

⑤振り返りを通じて自己効力感を育む

アサインした仕事に区切りがついたら、結果だけ見て「よかった」と終わるのではなく、改めて仕事のプロセスを一緒に振り返りましょう。丁寧に振り返りながら、**達成できたことを一緒に確認**することで、「なんとか乗り越えた」「自分にもできた」とメンバーの自己効力感を育んでいきます。

「この一連のプロセスでがんばったところは?」
「自分の中でうまくいったと思ったポイントは?」
「そのとき、意識したことや工夫したところは?」

など、メンバーが自分で考え、行動した具体的な経験を深掘りすることで、「自分でやった」と実感が湧きやすくなります。

ここまで前始末型のマネジメントの進め方を見てきました。大事なことは、メンバーが「自分でやり切った」という感覚を持つことです。こうした成功体験を持つことによって自己効力感が育まれ、さらなるチャレンジへとつながっていきます。

最初は手がかかると思うかもしれませんが、メンバーの「予想外」に振り回されることが減り、**格段にマネジメントがしやすくなる**と思います。ぜひ、チャレンジしてみてください。

Column 3

耳の痛いフィードバックをするときは

・土台となる信頼関係を築く

せっかく一歩踏み込んで耳の痛いフィードバックを行っても相手に受け止めてもらえなければ、変化は生まれません。皆さんも、この人にいわれたら腹が立つが、この人にいわれたら素直に聞く、という人がいるはずです。

「何をいわれるか」の前に「誰にいわれるか」が大事で、お互いの信頼関係が土台となります。第2章～第4章のアプローチを使い信頼関係を築いていきましょう。

・情報を集め、事実を把握する

耳の痛いフィードバックをするときは、「どのような状況で」「どのような行動、振る舞いが」「どのような影響を与えたのか（何がダメだったのか）」をきちんと把握することが大事です。マネジャーの感情や主観でフィードバックをするのではなく、客観的に見て起こった事実を捉えてからフィードバックに臨みましょう。

・目的と事実をストレートに伝える

人は誰でも耳の痛いフィードバックを聞くと防御的になりがちです。その防御を少しでも和らげるために、いきなり伝えるのではなく、最初に次のように伝えましょう。

「今日は、耳の痛いフィードバックをしていい？」

「○○さんの成長を考えると、ここを乗り越えてほしいと本気で願っているので伝えますね」

最初に目的を伝えるなどしてワンクッション置くことで、メンバーも心の準備ができ、話を聞く姿勢をつくりやすくなります。

その上で、集めた情報をもとに、事実をストレートに伝えます。まわりくどくいうと伝わらないこともあるので、シンプルにストレートに伝えましょう。もちろん、言葉の選び方に配慮は必要ですが、端的に伝えることで相手の心に残りやすくなります。

・フィードバック後にお茶を濁さない

耳の痛いフィードバックの場では相手が無言になるなど、空気が重たくなることが多いもので、ついつい「まあ、先方にも落ち度はあるけどね」などフォローしたくなりがちです。しかし、メンバーが自分の課題を受け止め、向き合うことが必要な局面です。お茶を濁さず、ぐっとこらえてメンバーが話すのを待ちましょう。

・一緒に振り返り、今後の対策を考える

フィードバックをしたら、メンバーが感じていること、メンバーの言い分も聞きながら、マネジャー自身の考えを伝えて対話をし、何が課題だったのか、意見をすり合わせます。時に平行線になることもありますが、そのときは時間を置いて改めて話し合うこともおすすめです。

「やっぱりここが自分の課題ですね」とメンバーが腹落ちするまで、しっかりと対話しましょう。表面的になると、同じことを繰り返します。マネジャーも腹をくくって、メンバーから逃げずに粘り強く対話していきます。

課題がすり合ったら、メンバーと一緒にどう改善するのかを話し合います。改善につながることであっても、変化に対してメンバーは不安を覚えるものです。マネジャーとして支援できることを確認したり、メンバーの成長に期待していることを伝えることで、背中を押してあげます。

・フォローをしながら変化を確かめる

課題やアクションがすり合ったからといって、すぐにメンバーが変わるとは限りません。その後のアクション、小さな変化を観察し、よい点を適宜フィードバックします。「マネジャーが見てくれている」という安心感と、「これでいいんだ」という手応えをメンバーが持つことで、さらなる行動が促進され、大きな変化につながっていきます。

4

段階②　成長体験から自己効力感を育む

「成長」をキーワードに振り返りを行う

ここからは段階②です。前始末型のマネジメントで「成功体験」による自己効力感を育みつつ、成功のジレンマに陥らないよう、「成長体験」による自己効力感も育んでいきます。「成功体験だけでなく、成長体験も新たに必要になるのか」と負担に思うかもしれませんが、安心してください。成功体験と別に成長体験が必要なわけではありません。チャレンジによって、**仕事の「成功」だけでなく、「成長」を得たことを確かめる段階**です。

具体的には、前節の「⑤振り返りを通じて自己効力感を育む」の際に、成長視点でも振り返りを促す支援を行います。

「今回の仕事のプロセスを振り返って感じたことは？」

「今回の一番の学びは？」

「今回の仕事を通じて生まれた意識や行動の変化は？」

「半年前の自分と、今の自分を比べてみるとどこが変わった？」

などと質問しながら**メンバーが自分の変化を確かめるように促します。**本人が自分の変化に気づいていないときは、マネジャーが感じているメンバーの変化を伝えてあげましょう。**周囲が感じている変化**も事前に聞いて、その場でフィードバックすると効果的です。

ここでもう1つ大事な振り返り支援があります。単に変化を確認するだけでなく、

「今回の仕事で成長できたんだね。改めて、○○さんがこれからも成長するために必要なことって何だと思う？」

「これまで自分の成長を妨げていたものって何だろう？」


と、さらに振り返りを深めることで、「自分で自分を成長させる視点」も育みます。これが成長思考を育み、「育つ力」を育てることにつながっていきます。

このような仕事の振り返りのタイミングで、**マネジャーが自身のマネジメントについてメンバーからフィードバックをもらう**ことも有効です。目標設定や途中のフォロー！など、

メンバー目線でのフィードバックをもらうことで、共に成長することができます。最初は抵抗感があるかもしれませんが、「自分もマネジャーとして成長する」という姿勢が、メンバーとの心理的安全性をさらに高めたり、メンバーの成長思考を育むことにつながります。

「失敗」に新たな意味づけをする

成長視点で自己効力感を育むもう1つのアプローチをご紹介します。それは「失敗体験を成長体験に意味づけする」ことです。

「皆さんは、どんなときに大きく成長しましたか？」

マネジャー研修でこう質問すると、成功体験よりも失敗体験を語る方が多い印象です。

読者の皆さんはいかがでしょうか。

失敗体験は思い出したくないという人も多いかもしれませんが、失敗によって学んだこと、変化したことはたくさんあるはずです。大事なのは、**失敗体験をそのままにせず、成長体験に意味づけする**ことです。それによって、失敗することへのネガティブなイメージを和らげ、失敗を恐れてチャレンジしなくなる成功のジレンマを防げます。

実際には、１ｏｎ１などでメンバーの失敗体験を聞きながら、その失敗体験を通じて何を学んだか、意識や行動のどこが変わったかを一緒に探求します。最後に失敗体験かもしれないけれど、メンバーの**成長にとって重要な意味があったこと**を確認しましょう。

ただ、いきなり「失敗体験を聞かせて」というと身構えるメンバーもいるはずです。皆さん自身の失敗体験とそれがどのように成長につながっているかを語ってみましょう。**マネジャーが自己開示**することで、メンバーも語りやすく、そして失敗体験が成長体験に変わることを実感できると思います。

繰り返しになりますが、人はチャレンジを通じて成長します。ただ、失敗を恐れてその一歩が踏み出せない、チャレンジしてもあきらめてしまうことも少なくありません。だからこそ、自分の背中を押す**「成功は約束されていないが、難しい仕事にチャレンジし、精いっぱい取り組めば成長できる」**という成長思考を育むことが重要です。

これこそが「育つ力」を育てるカギとなります。

「うちのメンバーには難しい」と思うかもしれませんが、一歩踏み出すための準備は、これまでの章の取り組みを通じてできています。自信を持って、メンバーと向き合いながら、メンバーのチャレンジを促していきましょう。

第6章

[さらなる成長]
キャリアの可能性を広げて、メンバーを成長軌道に乗せる

ステップ5

「明確に目標を絞る」のではなく、
多様な視点から「可能性」を広げる

竹田課長の憂鬱

「うちの部署にいたらキャリアアップできない!?」

課長になって1年が経ちました。最初はとまどうことが多かった課長の仕事にも、ようやく慣れてきました。

相馬さんや山口さんも、1年前と比べてずいぶんと主体的に動くようになり、表情も明るくなってきました。いろいろな壁がありましたが、あきらめず対話を重ねてきたことがよかったと思っています。

課長になった頃は「対話の時間がない」と思っていましたが、最近では「対話をしていなかったから時間がなかった」と感じるようになりました。

お互いの考えていることがわからないからすれ違う。メンバーが主体的になれないから、手がかかる。仕方ないから自分が手を出す、抱え込む。最初はこの繰り返しで、「時間がいくらあっても足りない」「こんな状況でメンバーと対話しろといわれても無理!」という状態だったのです。

しかし、マネジメントの方法を学び始めて、自分の行動を変えることでメンバーの変化が生まれてきました。丁寧に対話を重ねて相互理解を深めていくこと、メンバーがチャレンジを通じて自信を得ることで、主体的な動きが生まれてくること。一見遠回りで地道な活動ですが、これを続けていくことで、ずいぶんとマネジメントが楽になってきました。

時間の問題だけでなく、メンバーが成長する姿が見えるなど、マネジメントが楽しいと思える出来事も増えてきました。

先日もこんなことがありました。

チームのエースの加藤さん。31歳の男性です。やる気があって、1をいえば10を考えて動いてくれる優秀なメンバーで、成長意欲も高く、勉強熱心でさまざまな本も読んでいます。

「このまま、うちの部署でどんどん成長してほしい」と考えていましたが、3カ月前のキャリア面談で実は大きな不満を抱えていることが発覚しました。

「この部署のままではキャリアアップする自分が見えてこないんです。他の事業部に行って新しいチャレンジをしたいと思っています。でも、正直うちの会社って事業部間の異動はほとんどありませんよね。これからどうしたらよいのか、正直迷っています」

素直に気持ちを話してくれたのはよかったのですが、返答に困り、こうお茶を濁すのが精いっぱいでした。

「そうだよね、確かに迷うよね。まあ、うちの部署でもチャレンジできることもあると思うから、焦らずがんばろう」

その後、山口さんから加藤さんが転職を考えていると聞いて驚きました。優秀で前向きに働いているから、特に問題ないと思っていましたが、気持ちは前向きでないことにまでは思い至りませんでした。キャリア面談やこれまでの関わりで、しっかり加藤さんの気持ちに向き合っていなかったと反省しました。

そこから、加藤さんが大切にしたい考え方や不満の背景に何があるかを探るため、時間をかけて対話を始めました。テレビやネットでは毎日のように転職の広告が流れているし、転職した大学時代の友人が順調にキャリアアップしているように見えて、「自分はこのままでいいのか」という焦りから不満を募らせていたようです。

その気持ちを受け止めつつ、改めてキャリアの目的の考え方を伝え、一緒に話し合いました。結果、「周りの人が思いつかないことを自ら実践し、新たな可能性を示す、周囲を驚かせる存在でありたい」というキャリアの目的が見えてきました。

また、少し前に受けたマネジャー向けのキャリア対話研修で学んだことを活用して、「キャリアは必ずしも描いた通りに進むわけではなく、偶然の出会いからも道が開ける」「変化の激しい時代だからこそ、目標を1つに絞るのではなく、複数持っておくことが大事。それが、偶然に対してしなやかに、自分らしいキャリアを歩むことにつながる」ということを共有。その上でいろいろな視点から目標を考えられるように、他部署や社外の人と話す機会をつくったり、外部イベントなどに参加するよう背中を押しました。

ネットワークをつくることも上司の役割。これも研修で学んだことですが、正直、そのときは「社外のつながりが生まれると、転職希望が加速するのでは」という不安が強くありました。でも、私自身も外の世界と触れて視野が広がった経験があり、加藤さんのためと思い、実践することにしました。

その後、加藤さんのほうから「外に触れることで、うちの会社のいい面が見えてきました」と話してくれたときはうれしかったです。

視野が広がってきたタイミングで、加藤さんのキャリアの目的をベースに、これからの目標を話し合い、他部署でチャレンジしたいこと、今の部署でチャレンジしたいこと、プライベートを含め社外でチャレンジしたいことなど、さまざまな目標を一緒に考えました。

いくつか目標が出てきたので、「どれが今の段階でしっくりくる？」と聞いたところ、「今の部署でも、これまでやってこなかったサービスの立ち上げができそうです。なので、今はこれにチャレンジしたいです。あとは、社外で新しい技術を学ぶ機会を見つけたので、そこの仲間と勉強会を立ち上げて交流の機会をつくろうと話しています」

3カ月の時間がかかりましたが、加藤さんが新サービスの立ち上げにチャレンジし始め、イキイキと働いている姿を見ることができて、改めて向き合ってよかったと感じています。

これが最近のうれしい変化です。

まだまだ、トラブルも多く、大変なことだらけですが、1年前と比べてマネジメントが楽しくなってきました。

「部下」を指導するのではなく、一歩踏み込んだ対話を通じて「メンバー」と一緒に自分も成長していく。その意識が大事だと実感する今日この頃です。

1

「目標が見えない時代」のキャリア目標の描き方

「キャリアの目標」を1つに絞ることはリスク

竹田課長にはうれしい変化があったようです。

そんな簡単にうまくいくのかと思う方がいるかもしれません。でも、これは実話です。研修にご参加くださった課長が後日うれしそうに報告してくれたことを今でも覚えています。

さて、ここからは、竹田課長ではなく、同じような悩みを抱える皆さんがどうすればよいのかを一緒に考えていきましょう。

第1章でも触れましたが、本書の読者の皆さんは、人生を歩む上で「明確な目標を持ちなさい」といわれてきた方が多いのではないでしょうか。

「おおきくなったらしょうぎのめいじんになりたいです」

これは藤井聡太棋士が6歳の誕生日に誕生日会のカードに書いたというものです。スポーツの世界でいえば、大谷翔平さんがリトルリーグで野球を始めてすぐにプロ選手になることを志したのはよく知られた話です。

私たちもこのように明確な目標を決めて、実現に向けて努力し続けることが大事だといわれて育ってきました。

明確な目標を持つことで、それを実現したい思いから力が湧いてくることはたしかです。

しかし、ビジネスの世界では今、明確な目標が持ちづらくなっています。

「この分野の仕事がしたい」と思ってもAI等の技術の進歩で、その仕事がなくなったり、「この技術を極めたい」と思っても、その技術があっという間に陳腐化する、変化の激しい時代に私たちは生きています。この状態を私たちは**「キャリアの目標喪失時代」**と呼んでいます。

また、**明確な目標設定はそれ以外の可能性をすべて消してしまう**ことにもつながります。

キャリア研修の冒頭で将来のイメージをうかがうと、昨今は、「ワクワクする姿」というより、**「どうやったら生き残れるか」の視点で考える人が増えている**ことを実感します。

これは先行きが見えない不安から、自分のできること、できそうなことの範囲でキャリアを描く人が増えているからでしょう。さらに、「目標を明確にしなければならない」というプレッシャーから、将来を描くことを苦痛に感じている人が少なくありません。

このような状態で目標を明確にしても、失敗を恐れて狭い範囲でしか考えられず、自身の可能性を狭めてしまいます。また、なぜか「キャリアの目標は1つに絞らなければいけない」という固定観念も強く、より範囲を狭める傾向があります。

キャリアの目標が喪失する時代、私たちは「キャリアの目標を1つに絞って明確に描く」という常識を問い直し、これまでの幻想から脱却することが必要です。

本来、自分の将来を考えることは、ワクワクするものなのです。

「キャリアの80%は偶然で決まる」

「キャリアの80%は偶然で決まる」。こう聞いて皆さんはどう感じますか?

スタンフォード大学のジョン・D・クランボルツ教授が1999年に「計画的偶発性理論（Planned Happenstance Theory）」というキャリア論を提唱しました。**アメリカの成功したビジネスパーソンのキャリアを調査**した結果、本人の予想しない偶然の出来事によって、キャリアが築かれてきたということがわかったのです。

実際に研修で話をうかがうと、多くのビジネスパーソンが「自分も偶然の出会いやきっかけでキャリアが変わった」と語ります。

私（山中）自身も新卒で入社したアサヒビールで一生働くつもりでいましたが、ある先輩との出会いから大学院に通うようになり、そこで今の会社を立ち上げた人物に出会い、転職して現在の仕事をしているという人生を歩んでいます。昔は本を執筆するなど微塵も考えていませんでしたが、今こうして偶然の積み重ねでご縁をいただいています。

「80％」という数字に議論はあるかもしれませんが、**人のキャリアには偶然の出来事が影響する**というのは納得感がある話ではないでしょうか。

それならば1つの目標に固執して、自分の可能性を狭めるのはもったいない気がします。さらに1つの目標に固執しすぎると、環境の変化によって目標を見失ったときに、前を向くことが難しくなります。

「目標がないと何をがんばったらいいかわからない」「目標を持つことで、そこに向かう力が生まれるのでは？」という声があることは承知しています。

これについては、まさにその通りでしょう。ただ気をつけないといけないのが、今の時代、目標を1つに絞り、明確にしようとすると無意識のうちに、

①狭い範囲で考えてしまう
②固執しすぎると自分の可能性が狭まる
③環境変化に対応してしなやかに目標を見直すことができない

という3つのリスクを招くことがあるということです。

では、どうしたらいいのか？

その答えは、**「自分のキャリアの目標を複数描く」**ということです。

現実的な目標、ちょっと背伸びした目標、大きく自分の可能性を広げた目標など、いろいろな視点で考え、持ち続けることが重要です。広く自分の可能性を持っていることが、偶然の出来事を自分のチャンスに変えることにもつながります。

ただし、どのような目標でもいいのか、というとそうではありません。実際に自分に納得感、フィット感がない目標だと信じることができず、行動に結びつきません。

そこでカギとなるのが、第2章で考えた「キャリアの目的」です。

冒頭のエピソードに登場した加藤さんは「周りの人が思いつかないことを自ら実践し、新たな可能性を示す、周囲を驚かせる存在でありたい」という自分のキャリアの目的に気づきました。そこから、今の部署でやりたいこと、部署を超えてやりたいこと、会社を超えてやりたいことを考えました。

何の土台もなく、やりたいことを考えるのではなく、**キャリアの目的から考えることで、目標と自分とのつながりが生まれてきます。**それが、本人の納得感、フィット感につながっていくのです。

このように、キャリアの目的から複数の自分らしいキャリアの目標を描くことが、メンバーの可能性を広げることにつながります。

目標が持ちづらい、目標を狭く考えてしまう時代、マネジャーの役割は、「メンバーのキャリアの目標を明確にすること」ではなく、メンバーの視野を広げ、**「メンバーのキャリアの可能性」を広げてあげる**ことなのです。

2

「体質改善」でメンバーのキャリアの可能性を広げる

思考や行動を変える具体的サポート策

では、メンバーが自分の可能性を広げ、目標を複数描くにはどうしたらよいのでしょうか。

そのポイントは「体質改善」にあります。体質といっても、ここでは身体そのものに関わることではなく、「思考や行動の状態」とご理解ください。

体質改善には2つあります。1つは**成長体質**、もう1つは**ネットワーカー体質**への改善です。

成長体質は、第5章で紹介した「成長思考」によって培われます。「自分はもっと成長できる」「成長してこんなことができるようになりたい」「失敗しても成長はできる」という考え方を持つことが、**チャレンジに対する前向きさと行動**を生み、成長体質につながるのです。

この成長体質があることで「失敗したらどうしよう」というネガティブな気持ちを抑えることにつながり、自分の可能性を広げる目標を描きやすくなります。

2つ目が可能性を広げるネットワーカー体質です。これは、いろいろな人と、どんどんつながろうという思考と行動を指します。

目標が見えづらい時代、新たな自分の可能性を発見していくには、1人では限界があります。今、メンバーがイメージする姿は、持っている情報をもとに描いたものです。それでは限られた可能性しか見出すことができません。**いろいろな人とつながり、他人の力を借りて想像を膨らませる**ことが、メンバーの可能性を広げるカギとなります。

とはいいながら、メンバーが1人で自主的にネットワークを広げるのは難しい側面もあります。いきなり知らない世界に飛び込むというのは誰でも躊躇するものです。

だからこそ、マネジャーとして**メンバーを一緒に外の世界に連れて行く、誰かを紹介す**

るなど、きっかけをつくることがメンバーのネットワーカー体質を育む一歩となります。

私自身、営業時代、当時の支店長に他支店の支店長や本社の企画部の人、物流や経理部の人と食事をする機会をつくってもらいました。その頃は、「なぜ直接仕事に関係ない人との食事に誘われるんだろう?」と思っていました。しかし、今振り返ると、その機会を通じて会社の動きや仕組みを知り、視野と興味が広がって、その後は他部署との交流に自分から参加するようになりました。

さらには、先輩が通っているビジネススクールや大学院の話を聞き、自分も通うようになった経験があります。おそらく自分だけでは気づけなかった世界で、先輩がいなければ飛び込めていなかったと思います。

繰り返しますが、1人で、外の世界に飛び込むのは勇気がいるものです。だからこそ、皆さんがその背中を押してあげてください。

社内でも皆さんとつながりのある他部署の人たちはたくさんいるはずです。社外でも知っている人がいれば、つながりを持つ機会をつくってあげましょう。

マネジャーはどう関わっていくか

メンバーのネットワーカー体質を育むためのマネジャーの関わりについて3つのポイントをご紹介します。

①成果を求めすぎない

1つ目は、マネジャー、メンバー共に「成果を求めすぎない」ことです。「タイパ（タイムパフォーマンス）」という言葉をよく聞くようになりましたが、ここではあまり成果を求めないでください。実際に外の世界とつながってみたら、関心が持てなかったり、実はそれほど興味が持てなかったりすることに気づくこともあります。

そのときは、**気にせずどんどん次のつながりをつくっていく**ように背中を押してあげましょう。そうやっていろいろな人と出会う中で、少しでも興味のアンテナが立つことや、ワクワク感を持てることを探すことでメンバーが自己理解を深めていきます。

1回のつながりで成果を求めすぎると、「つながっても、意味がなかったらどうしよう」

と不安が増し、一歩踏み出せなくなります。

なかなかメンバーが一歩踏み出せないなと感じたら、皆さんと一緒に外に出てみることもおすすめです。

また、折に触れてメンバーと一緒に振り返る機会をつくってみてください。**社外や他部署とつながったからこそ気づく、自社や自部署のよさ**について話し合うことで、今の会社での可能性を見つけることにもつながります。

②2つの体質の相乗効果を生み出す

2つ目は、「ネットワーカー体質と成長体質の相乗効果を生み出す」ことです。

新しい出会い、気づきから生まれた関心のあることに対して、メンバーの小さなチャレンジを促します。

たとえば外部セミナーで学んだマーケティングの知識を使って、今の仕事のやり方を改善してみたり、他部署の視点を得たことで自分の仕事をよりよくする方法を考えるなど、小さなチャレンジをメンバーに考えてもらい、実践するように促します。

この**インプットとアウトプットを繰り返す**ことで成長実感を得たり、また外とのつながりをつくる意欲が湧いてくる、という２つの体質の相乗効果が生まれます。

③マネジャー自身も外に出る

３つ目は、「マネジャー自身も一緒に外に出る」ことです。研修でメンバーを外部とつなげる支援の話をすると、「自分も外のネットワークがないな」と話す方が少なくありません。

管理職として忙しい日々を過ごしていると外に出る時間がつくりにくく、気力が湧きづらいのもたしかです。ただ、外とのつながりを持たないまま過ごしていると、視野や可能性が広がらないかもしれません。

今はオンラインでのセミナーや対話会など、**場所を選ばずに参加できるイベント**もたくさんあります。そこで感じたことや学んだことをメンバーに伝えてあげると、メンバーの学びやメンバーが外に出ようという刺激にもなります。

メンバーと一緒に皆さんもネットワーカー体質を育むことで、皆さんの可能性も一緒に広げていきましょう。

3 「キャリアの目標」を複数描く

しっくり感とワクワク感を大切に

成長体質、ネットワーカー体質を育みながら視野が広がってきたら、メンバーが自分らしいキャリアの目標を複数描くように促します。

キャリアの目標を描く方法として2つの道すじがあります。

①キャリアの目的を確認する――しっくり感を確かめる
②発想を広げて目標を見つける――ワクワク感で考える

以下、それぞれのポイントとマネジャーの関わりについて説明します。なお、具体的な進め方については既刊『目標が持てない時代」のキャリアデザイン』でもご説明しています。

①キャリアの目的を確認する

キャリアの目標を考えるときに大事なことは、「キャリアの目的とつながっている」ことです。**自分に納得感、フィット感がない目標だと信じることができず、行動には結びつきません。**

「私は、周囲の人たちがイキイキと自分らしく過ごせる存在でいたい」
「自らが新しいことにチャレンジし、みんなを驚かせる存在でいたい」
「周りの人が動きやすくなるような縁の下の力持ちのような存在でいたい」
など、第2章で描いたキャリアの目的をメンバーと改めて確認してください。

大事なポイントは**「キャリアの目的を育む」という視点**を持つことです。当初描いたキャリアの目的が、さまざまなチャレンジや外の世界と触れることでアップデートする可能性があります。

「○カ月前、キャリアの目的を描いたけれど、これまでのチャレンジや、外の世界に触れたことで変化はありそう？」「改めてアップデートしたい部分は？」と聞いてみましょう。もちろん、変化がなくてもOKです。大事なことは、メンバーにとってしっくり感のあるキャリアの目的であるかを確認することです。

②発想を広げて目標を見つける

キャリアの目的が確認できたら、そこから発想を広げて自分らしいキャリアの目標を描きます。ここで大事なのは、**「できるできない」ではなく「ワクワクするかどうか」**という視点で可能性を広げることです。

目標を絵に描いた餅で終わらせないためには、当たり前ですが行動が必要です。しかし、日々忙しい中で過ごしていると目の前の仕事に追われてしまいがち。その中で目標を描いて進む原動力が、このワクワク感なのです。

メンバーに「キャリアの目的から複数のワクワクする目標を考えよう」といって素直に出てくる場合は、それでOK。なかなか出てこないという場合は、マネジャーの出番です。

ここでは可能性を広げて目標を考えるために、2つの軸で考える方法をご紹介します。図6－1のように**「社外」―「社内」**という軸と**「今の仕事の領域」―「今の仕事以外**

図6-1　キャリアの目標を考える視点

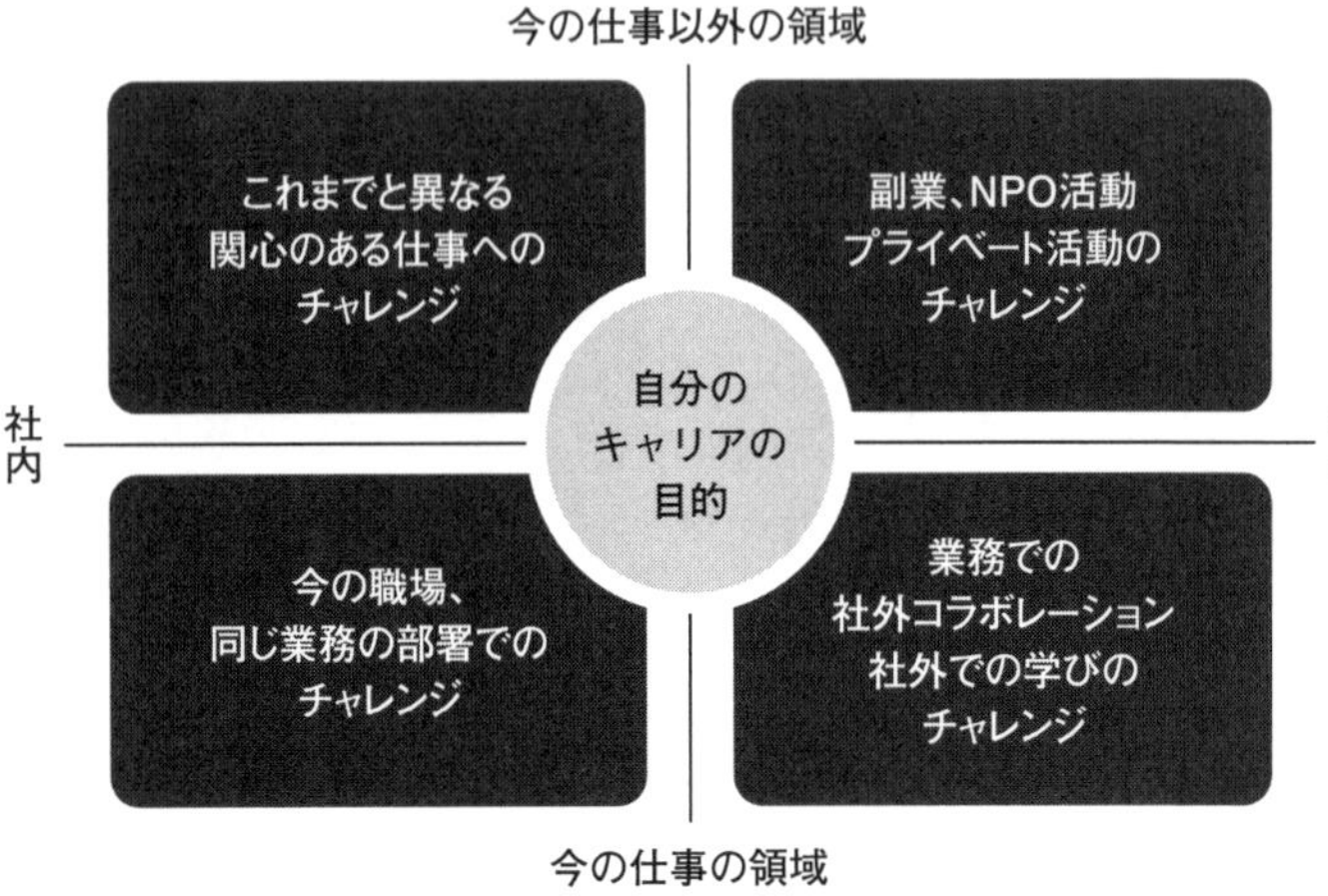

の領域」という2つの軸でマトリックスをつくります。その中で、メンバーと一緒に一つひとつの象限でどんな可能性があるのかを出していきます。

ポイントは、まず各象限で複数の可能性を書いてみること。ある程度書き出した後、その中でワクワクするものを一緒に見つけていきます。

イメージしやすくするために「私は、周りの人たちがイキイキと自分らしく過ごせる存在でいたい」というキャリアの目的を持った、あるビール会社の営業職のメンバーの場合、どのような目標を描けるかという例を紹介しましょう。

「社内で今の仕事の領域」×キャリアの目的

・今の仕事でチャレンジし、自分がイキイキと働く存在として周囲によい影響を与える営業担当者になる

・後輩の成長を支援する先輩になる

・チームリーダー、課長などのポジションで、仲間がイキイキと働けるチームをつくる

「社内で今の仕事以外の領域」×キャリアの目的

・人事部や経営企画部に行って、皆が自分らしくイキイキ働ける制度や組織をつくる

・マーケティング部で、自分らしくアルコールを楽しむ世界観を世の中に広げる

・営業企画部に行って、営業担当者がイキイキと活動できる支援をしたい

「社外で今の仕事の領域」×キャリアの目的

・自分が営業職としてイキイキ働くために、ビジネススクールに通いスキルアップする

・お客さんとコラボレーションして、これまでの営業の仕方を見直す

・お客さんと一緒に、ソムリエなどアルコールに関連する資格取得の勉強会を開催する

「社外で今の仕事以外の領域」×キャリアの目的

・営業活動で培った能力を活かしてＮＰＯの活動を支援する（プロボノ）

・自分の持ち味であるコミュニケーション能力を活かしてＰＴＡと少年野球のコーチとして子どもたちの支援をする
・コーチングの資格を取得して、副業として社会人向けのコーチとして活動する

このように各象限でメンバーの可能性を一緒に広げます。キャリア＝仕事だけではありません。**「自分の人生が豊かになることが大事」**という視点でプライベートも考えてみましょう。

４象限すべて書けなくても大丈夫です。ただ「脳は空白を埋めようとする」という言葉がある通り、考える視野を広げることで、思ってもいない可能性が出てきますので、ぜひ４つともチャレンジしてみましょう。

キャリアの目標が複数出てきたら、「じっくり時間をかけて目指したい目標（長期）」「今すぐではないが、機会があれば飛び込みたい目標（中期）」「今、チャレンジしたい目標（短期）」の３つに整理します。その中で一番しっくりくる「今、チャレンジしたい目標」を選び、具体的なアクションに落とし込みます。

こうして、メンバーが自分の可能性を広げて目標を描き、主体的に行動することで成長

軌道に乗り、「育つ力」が育っていくのです。

「未来の変化」を語ろう

最後にもう1つ、目標を考える際にマネジャーとして大事なポイントをお伝えします。

それは、**「自社、自部署の存在価値を改めて語る」「未来の変化を語る」**ということです。

第4章でもお伝えしましたが、企業理念やパーパスだけでなく、自部署の存在価値、仕事の価値を語ることで、「〇〇の価値を提供すると考えたら、今の会社、部署でこんなこともできるかも」と自社内での目標を広く考えることができます。


また、メンバーは今持っている情報で将来の姿を考えがちです。自社を取り巻く環境変化、自社、自部署のビジョンを語ることで、メンバーが「うちの会社、今の部署でもいろいろな可能性がありそうだ」と期待感を持ち、目標を広く考えることにつながります。

「メンバーがキャリアを考えることで転職するのでは」と不安を抱えるマネジャーの方もいるかもしれません。しかし、メンバーが自社内で可能性を広げて、キャリアの目標を描くことができれば、**わざわざリスクをとって転職を選択する機会は減る**はずです。

4

自分も成長軌道に乗っていく

ここまでメンバーを成長軌道に乗せる方法を見てきました。最後に質問です。

「皆さん自身は自分の可能性を広げて、成長軌道に乗れていますか？」

研修でマネジャー自身のこれからのキャリアの話をすると「忙しくて考える余裕がない」「メンバーのことで手いっぱいで自分のことが考えられていない」「そのようなことを考えずにここまできた」という声が大半です。キャリアの考え方の変化にとまどいを感じたり、目の前の業務に一杯いっぱいな状況の中、そのような気持ちもよくわかります。

さらに、**マネジャーには相談相手がいない**という声もよく耳にします。

しかし、マネジャー自身も1人のビジネスパーソンとして、イキイキと働き、**自分らしいキャリアを歩む権利と自由**があります。ぜひメンバーと一緒に可能性を広げ、自身も成長軌道に乗っていきましょう。その姿が、一緒に働くメンバーによい影響を生み出します。

第 7 章

「困ったメンバー」との向き合い方

コーチングと心理学的視点をマネジメントに活かす

この章は片岡・山中のほか、ジェイフィールのメンバーである北村祐三、青木美帆と展開していきます。

北村祐三
金融会社の経営企画課長、人事課長を経てジェイフィールに参画。国際的なコーチング資格である米国 CTI 認定プロフェッショナル・コーアクティブ・コーチ（CPCC）を有し、現場経験も豊富。

青木美帆
法人営業としてキャリアをスタート。仕事を通じて心の病にかかる人の多さに問題意識を持ち、大学院へと進み臨床心理士・公認心理師資格を取得。大学院修了後は、学校カウンセラーを経てジェイフィールに参画。

「マネジメントの引き出し」を増やす

マネジャー研修でよく「お悩み」として個別相談を受けるのが、**「一部の困ったメンバーに時間を大きくとられる」「キャリアの目的対話を持ちかけても、会話すら成り立たないメンバーがいる」**ということです。

そこで本書の最後に応用編として、「困ったメンバーと向き合う対応策」を片岡・山中のコンサルタントの視点のほか、**コーチングと心理学的な観点**から考えていきます。

なぜ複数の観点からの対応策をご紹介するのか。

それは「マネジメントの引き出し」を増やすためです。

ドラッカーと並び称される現代経営学の巨人、カナダ・マギル大学のヘンリー・ミンツバーグ教授は**「マネジメントは経験の科学」**であると語っています。マネジャーとしての成長に経験が欠かせないものの、そこに科学が必要だということです。

コーチングや臨床心理学の知見など広い分野の知識を得ることや、マネジメント経験から丁寧に学習していくという行動がとても重要になってきます。実際、私たちはコンサルタント、コーチ、臨床心理士の三者でチームを組んで改善策に取り組むこともあります。

コンサルタントの視点は問題解決が中心となります。本人と対話する以外にさまざまなリソースを活用して物事を前に進めるという観点です。

コーチングに関しては相手の主体性や考えをコミュニケーション、特に質問を通じて引き出すスキルとなります。組織全体を見るコンサルティングと異なり、相手（クライアント）に集中して見ていくというアプローチです。

もちろん両者は被る部分がたくさんありますし、熱心にコーチングを学んでいるマネジャーの方もいると思いますが、ここではアプローチの違いを際立たせてお話ししていきます。読者の皆さんには、どのようにメンバーを見て、どう問いかけていくかという具体的なイメージを提供できればと思います。

コーチングについては私たちジェイフィールのメンバーであるプロコーチの北村祐三がアドバイスを行っていきます。

心理学的な面は同じくジェイフィールのコンサルタントであり、臨床心理士の青木美帆からの助言となります。臨床心理の観点が入ることで、マネジャーの皆さんが、**明確な理論的背景を持ってメンバーと関わる**ことができるようになるはずです。

また**産業医などの専門家と本来連携して対応すべきケース**などをマネジャーが抱え込んでいるケースも増えています。専門家への相談のいわば助走として、マネジャーがこの分野の知識を得る意義は大きいと考えます。

この章では5つのケースを想定して考えていきます。いずれもベースにあるのはメンバーの「不安・不満・無関心」で、かつマネジャー研修でよく相談を受ける「お悩み」です。あなたの職場に似たようなメンバーがいるかもしれませんし、今はいなくてもいつそうしたメンバーが配属されるかはわかりません。ぜひ**自分事として**お読みいただければと思います。

なお、コンサルタント、コーチ、臨床心理士という立脚点の違いにより、ときには相反するようなアプローチの提案も含まれますが、メンバーへの対応にはさまざまな策があることの証左とご理解ください。

Case1

「承認欲求」が強く、自分の感情を抑えられない

仕事は真面目でしっかりやるが、感情の起伏が激しいメンバーAさん。

本人の精神状態がよくないときには同僚からの挨拶を無視したり、後輩にキツく指示やダメ出しをしたりとまさに問題児。

承認欲求も高く、自分自身の努力や成果を過剰にアピールする、自分以外のメンバーがほめられているとあからさまに不満な態度を示すといいます。みんなが腫れ物に触るように気をつけて仕事をしているので、職場にはいつも変な緊張感が……。

どんなことをしても成果を上げるという行きすぎた面もあり、約束や納期を守らない場合、それが顧客であろうと食ってかかることもあるほどです。

本人は、自分自身の振る舞いや周囲に与えている影響には気づいていないようで、マネジャーが丁寧な指摘をしても、周囲を否定するばかりで自分事と捉えることが難しい状況です。

Aさんに自己理解を促し、行動を変えてもらうにはどうすればいいいか。マネジャーは悩んでいます。

臨床心理士のアドバイス
――「コミュニケーションの目標設定」で関係性をつくる

こうした場合、ケース内にあるように、マネジャーとしては問題状況を具体的に示し注意したくなるものです。しかし、Aさんタイプの人にこの手の注意は逆効果にもなります。

臨床心理学的なアプローチでいえば、**カギは「承認欲求」**です。ここを土台にAさんと関係性をつくることを考えます。営業成績などの数値目標とは別に、コミュニケーションや周囲との関係構築について具体的な目標設定をしていくということです。

「後輩の〇〇さんがモチベーション高く、前向きないい状態で業績を上げられるように指導してほしい」

「このチームは挨拶やスケジュール遵守といった基本ができていないので、そのあたりを率先して行動して、明るい組織づくりをリードしてほしい」

といった目標です。

何をすると自分が認められるかについて丁寧にコンセンサスをつくり、その目標に向かってPDCAを一緒に回すことで課題自体が解決に向かう可能性があります。

さらに、Aさんのようなメンバーの場合、マネジャーはその人の安全基地になる必要があります。**「この人は自分を信頼してくれている、受け止めてくれる」**という、メンバーが安心安全を感じられる場所です。

ですので、受容的な態度で話を聞く**「積極的傾聴」**を心がけて、問いかけを続けましょう。もちろん拒絶されることもあるでしょう。それでも同じことを繰り返して**「単純接触回数」**を増やしていきます。ザイアンス効果の活用です。コミュニケーション回数が増えることで、徐々にいい変化が起きる可能性が高まっていくでしょう。

キーワード解説

【ザイアンス効果】

1968年に心理学者でスタンフォード大学の名誉教授ロバート・ザイアンスによって提示された単純接触効果に関する成果から生まれた理論。人の好み、好意は理性的、合理的ではなく、情緒的だという指摘。別名、単純接触効果と呼ばれており、接触回数が多い人に好意を抱きやすいというもの。

人事コンサルタントのアドバイス
――承認欲求の裏にある本音をつかむ

数多くのマネジャー研修を担当してきた経験でいえば、感情の起伏が激しく、怒りを職場で出してしまう人は、心の中では不安やさみしさを感じているケースが多いものです。「加害者ではなく、自分は被害者だと思っている」。まずはそんな仮説に立ってメンバーに向き合ってみましょう。

自信があるからほめられたいのではなく、**自己肯定感が低いため、「認めてほしい」「成果を出さないとダメになる」**と考えているのです。この切迫感を取り除けるように導くことを考えていきます。

ここで役立つのが、第3章で紹介した「持ち味」という観点です。

その人の個性を理解し、コインの裏表としてよい面と課題を考える。課題面にフォーカスするのでも強みに偏るのでもなく、持ち味としてその人自身を受け入れる姿勢です。

さらに、他のメンバーの力を借りる視点もあります。

真面目なマネジャーほど、マネジメント業務はマネジャーがやらないといけないと思い込んでいます。しかし、これだけ多様化が進んだ今、マネジャーがマネジメントのすべてを担うのは無理な話です。**マネジャーが万能である必要はない**のです。メンバーにマネジメント業務を権限委譲していくことは、決して丸投げではありません。

もちろん責任はマネジャーにありますが、小さなチームにして**チームリーダー制を導入**する、育成推進者という役割をつくるなどのやり方があります。

何事も自分で抱えすぎず、**「マネジャーだって周りに助けを求めていいんだ」**と考えてください。実はそうすることで、メンバーがマネジャーから信頼されているという感情を持つこともあります。自分の苦手、弱点をメンバーと分かち合って組織として前に進めていくことは、今の時代には大切なマネジメントスタイルです。

プロコーチのアドバイス
――とにかく「吐き出して」もらう

プロコーチとしては、Aさんは周囲をおとしめることで、自分の立ち位置を上げているように見えます。だからまず、通常の1on1よりも長い時間をかけて、心の中にある**不満や不安を出し尽くしてもらう**ことを考えます。

たとえば**「今、感じていることをすべて教えてほしいんだけれど」**といった問いかけをします。かなり幅の広いオープン・クエスチョンですが、Aさんタイプの人は話を聞いてほしいという気持ちを強く持っていることが多く、こうした問いかけが有効です。

そして吐露が始まったら、

「もっというと？」

「具体的には？」

「（その出来事の）相手に何といってやりたい？」

など、より具体的に吐き出せるように問いかけていきます。

2人きりでの1on1であれば、何かを話し出すはずです。そこからどんどん話してもらうことを意識して問いかけていきます。ここでのゴールは吐露してもらうことです。

同調も共感も意識しなくてＯＫ。吐き出してもらうことに徹して問いかけてみましょう。

意識や行動は本人が変えようと思わないことには始まりません。Aさんが自分の気持ちをある程度吐き出すことができれば、それが前進の第一歩になります。

実践にあたって

３つのアドバイスのいずれを実践するかは、状況によって異なるでしょう。メンバーとの関係性や、マネジャー自身の強みや特徴も関係します。メンバーとの関係性が十分にできていなければ、臨床心理的な関わり方がおすすめかもしれません。チーム内に十分なリソースがあればコンサルティング的対応も有効です。またメンバーが不満を吐き出せるような関係があれば、コーチング的対応から始めることも可能でしょう。臨床心理的対応をしながら、徐々にコーチング的な対応を進め、最後にコンサルティング的な対応という展開もあります。

対処法をいろいろと変えて進めていくことをおすすめします。

面談で堂々と転職を口にする

入社2年目となり、ようやく仕事の基本を覚えてきたBさん。マネジャーは、これから小さいサイズの仕事をメインで担当してもらおうと1on1で育成プランについて語ったところ、本人からは「そろそろ転職を考えています」と衝撃の発言が……。

理由を聞いてみると、ビジネスパーソンの基本がひと通り学べたので次のステップに進みたいとのこと。マネジャーとしては3年でようやく独り立ちと考えており、まだまだ基本を鍛えるべきと説得しても、「長くても3年程度での転職を視野に入れていた。それが少し早まっただけ」と聞く耳を持ちません。

「ビジネスパーソンとしての基本は確かに大事。しかし、市場価値のある専門性を身につけていかないと、この変化の激しい時代を勝ち抜けない」と諭しても、「自分のキャリアは自分でつくるもの。気にしないでください」とひと言。

自分たちの時代では考えられない事態で、こんな相手を引き留めることができるのか。それとも若手はすぐに辞めるものだと割り切ってつき合うべきなのか。マネジャーは頭を抱えています。

人事コンサルタントのアドバイス
――冷静に一般論として向き合う

Bさんは積極的に新しいスキル獲得に向かっている。こう前向きに捉えてみてはどうでしょうか。入社2年目で仕事に慣れてきた。つまり社会人適応の最初の課題をクリアしたこと、そして**成長欲求があることをポジティブに捉えて向き合う**ことが大切です。その上で、市場価値のある専門性をどのようなものと捉えているかを対話で深めていきます。

市場価値という言葉が出てきているので、これについて一般論を用いながら丁寧に説明していくという作戦です。たとえば、経済産業省が提起している社会人基礎力と個別の専門性について切り分けて、ベースとなる基礎力を今の職場や会社でどこまで高められるか考えてもらいます。慰留や説得ではなく、世の中一般の視点から冷静に話し合うことでフラットな関係性が構築できる可能性があります。

また、**組織内の別のリソースの活用**も視野に入れましょう。組織の中には「転職を考えたけれど転職しなかった人」「他社から転職してきた人」もたくさんいるはずです。そういう人たちとBさんをつないであげて、話をしてきてもらうと、いろいろな発見があるはずです。そうした視野の広がりをつくってあげながら、本人が世間一般の風潮に流されず、自分らしい選択ができるように支援していきます。

プロコーチのアドバイス
——人生の伴走者に立場をスイッチする

「転職をするかどうか」はコーチングでクライアントから提示されるテーマでもっとも多いものの1つです。これは、具体的な転職先は紹介会社が相談に乗ってくれますが、転職するかどうかの前提となる人生を一緒に考えてくれる仲間を持つ人がとても少ないということでもあります。

このケースであれば、転職しようと考える部下の言葉に右往左往することをやめて、**その話の中にあるメッセージ**を冷静に受け止めてみます。そして、一緒にBさんの人生を考えるモードで向き合うというのが私のアドバイスです。**まさにコーチになる気持ち**です。

ケースを読む限り、辞めることを大前提のように考えているのでそう簡単には止められないはずです。ですから思い切って違う立場からのコミュニケーションに挑戦してみましょう。Bさんの価値観、目的、キャリアの軸にアプローチしながら最適な次の一歩を考えられるといいと思います。**どんな将来像を描けるかを一緒に広げていく**のです。

もともとの信頼関係のレベルにもよりますが、人生について真面目に向き合って話してくれるマネジャーは、そんなに多くはいません。部下にとっても新鮮に映るでしょう。**そんなマネジャーとは、一緒に仕事をしたいと思い直す**こともあるはずです。

大転職時代、マネジャーとしては、若手とそういう関係をつくるように意識することが大事になってきています。

臨床心理士のアドバイス
――心でつながり、気持ちを出し切らせる

Bさんは明確に自分の方向性を持っています。このような状態の人を説得しようとすればするほど「心理的リアクタンス」が生まれてしまいます。心理的リアクタンスとは相手が自由を奪われると感じ、「抵抗、反発」の感情が生まれることです。こういう感情が生まれてしまうとコミュニケーションは機能せず、心理的安全性以前の状態になってしまいます。まずは**相手の話を傾聴モードで徹底的に聞く**ことが必要です。

次にマネジャーとして、将来有望な若手を説得したいのであれば2つの方法があります。

1つ目は、相手に対して「私」を主語にする**「I（アイ）メッセージ」で感情を発信**する方法です。「私はあなたと」「○○を実現したかった」、「君とだったら」「○○を実現できそうだと思っている」というような伝え方になります。一般的には年齢が若い人ほど不安が高いといわれています。Iメッセージを用いて、気持ちと気持ちでつながることが大事です。

2つ目は、動機付け面接法の考え方を参考にして対話を進める方法です。これは、人が決断や行動選択をする際に生じる**「相反する感情（両価性）」**を探して変化への動機を引き出すことに焦点を当てたコミュニケーションの方法のことです。

「成長のためには転職したいけれど、転職の大変さやリスクも感じていて転職に後ろ向きな気持ちもある」など、どんなに明確な意思を持っているように見える人であっても実は両価的な気持ちを抱いているケースは多いものです。

Bさんのケースも両価性が隠れていないかを探して、それを突破口に対話を重ねていくことで、変化の兆しをつくり出せる可能性があるのです。

そのためにはまず相手の考えや気持ちにしっかりと共感をすることと、その上で「転職」以外の可能性や気持ち（特に自分の人生やキャリアで大切にしたいことと現在の言動との矛盾など）について、本人が自分自身で話し始めるのがポイントになります。

たとえば、引き続き相手に共感をしながら「転職をすることでキャリアが必ずいい方向に行くのか」「それが最善の方法なのか」と聞いていくことで、本人の口から「そうはいってもこういう点が心配で」と語られるなどです。

さらに、可能であれば、本人のキャリアデザインについて会社や自分（上司）が提供できる機会やサポートを伝えていくことで、転職以外のキャリアデザインを考えてくれる可能性も高まるでしょう。逆に、**説得や警告、指示やアドバイスをすると対立構造**が生まれてしまいます。注意してコミュニケーションをとってください。

実践にあたって

3名のアプローチがかなり違いましたね。これがマネジメントの面白いところであり、難しいところです。**自分自身の性格、特徴や相手との関係性の中で打ち手は変わっていきます。**引き出しの多さがマネジャーに求められる時代になりました。

実績は申し分ないのに、昇格を頑なに拒否

Cさんはコールセンター部門で働く入社7年目の女性です。期待の中堅で、早くも管理職候補として人事部主催の研修にもよく声がかかっています。

オペレーションレベルでは部署ナンバーワン、会社としては主任職に昇格し、指導役を担ってほしいのですが本人は難色を示しています。特に指導役は自分には向いていないと固辞しています。

マネジャーが再度、昇格の話を持ちかけると、面談中に急に泣き出したそうです。

「去年でも精いっぱいだったのに、これ以上お給料をもらうということは、これ以上がんばれってことですよね。もう限界です」というのがCさんの言い分。

これ以上の成長というよりも、今の実力に合った仕事をしてほしいとマネジャーが説得しても、「私には無理」の一点張りです。

マネジャーは今後、Cさんにどう対応すればいいのでしょうか。

臨床心理士のアドバイス
——急がば回れ。いったんあきらめることも重要

「涙が出てしまう」というように、**体にまで反応が出ているとき**は、**メンタルケア**を視野に入れながら現状の仕事の質と量の整理、場合によっては負荷軽減が必要です。メンタルケアとは、受容的な態度で本人の話を傾聴したり、職場環境や仕事内容の調整、本人の精神状態に気を配りつつ、産業医や専門機関への相談を促すことなどをいいます。

その認識を持った上で、このケースでは本人のケアを優先して昇格を急がず一歩一歩ゆっくりと進めていく必要があります。現状整理と本人の現状認識の確認、昇格までのロードマップの再構築というステップを丁寧に踏んでいきましょう。

なぜ本人の現状認識の確認が必要かというと、このようなケースでは実際の業務量による負担以上に**現状認識の仕方による心理的な負担**のほうが大きくなっている可能性があるからです。

通常、人間は、ある程度のストレスも対応可能な状態（コンフォートゾーン）で仕事をしているのですが、Cさんは現状がコンフォート（対応可能な範囲）ではなくなってし

まっており、**前向きな思考や冷静な判断が難しくなっている**ようです。

昇格に向けてまずは本人が安心して業務ができる環境と心理状態を整えて、昇格についても前向きに考えられるように伴走していきましょう。

人事コンサルタントのアドバイス
――役割の捉え方をリフレームする

今のCさんを支配している感情は不安だと考えられます。こうした場合、一般的には3つの不安があります。①業務量への不安、②能力が不足するという不安、③職場の関係性が壊れてしまう不安、です。まず**どこに一番の不安があるかを整理**します。

量の問題であれば、マネジャーが業務の改廃、改善をする必要があります。能力が問題であれば、指導役に必要な能力を分析し、できそうな部分と不安な部分を可視化する必要があります。また関係性が問題であれば、この仕事を通じてよりよい関係になるという動機付けが必要です。

人間には、達成動機タイプ、パワー動機タイプ、親和動機タイプの3つの動機タイプがあるといわれています。「欲求理論」といわれるもので詳細はキーワード解説に記載しますが、Cさんは親和動機タイプだと推察できます。このタイプの人は職場の仲間との人間関係を重要視し、昇格をいやがる傾向が強いので、コミュニケーションを通じて、Cさんの役割のリフレーム（役割の捉え直し）が必要になります。指導役＝嫌われ役ではなく、指導役＝周囲の支援役と捉えれば、Cさんも一歩踏み出せそうです。

本来、人間は多様ですので、3つ以上に個性があるはずですが、まずは自分とは異なるタイプの人がたくさんいて、**自分がされたらうれしい言動が、動機付けにならないメンバーがいることを理解することがマネジャーとして重要**です。

キーワード解説

【欲求理論】

米国の心理学者デイビッド・マクレランドによって提唱された動機付け理論の1つ。個々人のパーソナリティに注目し、パーソナリティに応じて適切な動機付け方法が異なることを解明した。別名3つの動機付け理論ともいわれ、人間は①達成動機、②親和動機、③パワー動機の3つの動機タイプに分けられるとした。

①達成動機タイプ：別名「職人動機」といわれ、物事を達成することに高い動機を持つと同時に、中程度のリスク、高い自己裁量権を求めるタイプ

②親和動機タイプ：周囲との関係性を重要視し、変化などのリスクを好まないタイプ

③パワー動機タイプ：影響力の行使を好むといわれ、大きなリスクにも強く、成果よりも信望を求めるタイプ

プロコーチのアドバイス
――不安の原因を解き明かす

基本的には、Cさんの気持ちをしっかり聞き、Cさんが自分で自分の気持ちを整理できるように導いていけると前向きに変わると考えられます。

「あなたなら大丈夫」「できる」といったコミュニケーションではなく、「無理と思っているんだよね」という**共感、寄り添い**から入り、「辛そうだけどどんな気持ちでいるの？」「無理と感じている理由は？」「昇格した場合にどんなことが想像されるの？」「以前に同じような気持ちになったことはある？」など不安の正体を丁寧に明らかにしていきます。

自分自身の感情は当事者にしかわかりません。だからこそ、丁寧に聞きながらときほぐ

していく必要があります。

大切なことは、**最終的に不安の正体が見えなくても大丈夫**ということです。自分の感情について吐き出していくことで、不安の正体に近づき、冷静さを取り戻せるはずです。冷静さを取り戻せば、そこから建設的な対話を進めましょう。マネジャーとしてCさんに新しい役割を担ってほしいのであれば、その理由と、自分がどういう支援ができるのかを伝えてください。もしくはCさんに昇格のことについてもう一度ゆっくり考えてもらえるよう促してもいいです。相手が冷静さを取り戻していれば、Cさんの反応に合わせてコミュニケーションを進められるはずです。

実践にあたって

3名のアドバイスは、基本的にはCさんの中にある不安を解き明かそうというものでした。不安は本人がつくり出すものですから、他者が「そんなに大したことじゃないよ」といったところで何も変わりません。**不安という感情をメンバーから感じた場合は、一緒に解き明かすことが大切**です。

職場を凍らせる〝不機嫌ハラスメント〟

Dさんは35歳。中堅の企画スタッフです。Dさん自身は仕事ができないわけではないのですが、何事に対してもネガティブで、いつも職場の雰囲気を悪くしてしまいます。後ろ向きなのと、感情を表に出すのが特徴です。

たとえば、仕事を頼まれた際にあからさまに面倒そうな顔をする、会議でずっと下を向いて時折大きなため息をつく、気に入らないことがあると周囲がびくっとするほどの音でパソコンのキーボードを叩く、Dさんが担当していた企画が、ほかの企画との関係で延期になったときなどは周囲に聞こえるように「またいつものパターンだ。時間返せよ」「そもそも年初に計画がないのがどうかしてるんだよ」と愚痴を言い続けるなどです。

部長も「不機嫌ハラスメントなのか、もしくは私たちに対して逆パワーハラスメントなのか」と嘆いている状態です。

「やってられない」といいながらも仕事はするので、そのひと言をやめれば評価もグンと伸びそうですが、仕事のプラス面を打ち消すほど周囲への悪影響が大きくて皆、困っています。

人事コンサルタントのアドバイス
――やれることをやりつつ、異動も視野に入れる

Dさんについては不機嫌を職場にまき散らす人という捉え方もできますが、一方で仕事ができる人、物事が計画通りに進まないと嫌な人と捉えることもできます。そう捉えると、ここでの**課題は視野の狭さ**です。自分の仕事のスケジュールだけを見ているので、全体像がわからずにイライラしている可能性もあります。企画部門全体のスケジュールも管理するという視野を持つようにアドバイスすると変わるきっかけになるかもしれません。

また、不機嫌の裏側には、自分はできているのにという気持ちや、自分ではどうにもならないものへの不満が潜んでいることがあります。視野を広げることで、このような意識が変わるでしょう。

マネジャーとしてやれることをやって、それでも周囲へ悪い影響を与える、メンバーを否定することが続くなら、気分一新で異動という選択肢もあります。

これは他部署に問題児を押しつけるということではなく、**場を変えることで本人に変われるチャンスをつくった**と思ってください。

臨床心理士のアドバイス
——「美点凝視」で悪い部分はいったん忘れる

不機嫌な態度をとってしまうDさんには、応用行動分析学の考え方がヒントになりそうです。簡単に説明すると、好ましいポイントは強化し、好ましくない行動は消去するというものです。そして好ましい行動については、その行動だけでなく、**行動の「キッカケ」と「結果」にもフォーカス**していきます。

いったんDさんの問題行動を忘れて、少しでもいいのでよい行動を取り上げ、その行動とそこから生まれる結果、またその行動を起こしたキッカケを再認識してもらうと、だんだんと**よい行動を再現**できるようになってくる可能性があります。よい行動が増えてくれば、悪い行動は完璧には直りませんが改善されてくるはずです。

マネジャーには、アサーティブなコミュニケーション（アサーション）が必要になってきます。アサーティブとは「しっかりと自己主張をすること」をいいますが、ここでの意味合いは**「相手を尊重しつつ行う自己主張」**となります。「〇〇という部分はありがたいけれども、〇〇についてはこういう影響がある。なので、ここだけは変えてほしい」というような、丁寧なコミュニケーションで解きほぐしていくのです。

また、今抱えている問題の原因はその人にあると捉えて、変化することをその人だけに押しつけるのではなく、今は〝チームで〟問題を抱えていて、**この問題をキッカケにチームの在り方を考え直し変えていく**ことで、よりよい方向に変化できる可能性があるかもしれません。

このケースでいえば、Dさんには自分自身と職場のコミュニケーション全体について内省を促しつつ、職場のメンバーにもDさんを含めてどういう状態がありたい姿かを考え、できることから始めていってもらいます。結果、**メンバー全員が未来志向で職場の状態を考えられる**ようになっていく可能性が出てきます。

キーワード解説

【アサーション】

「人は誰でも自分の意思や意見を表明する権利がある」という立場に基づくコミュニケーションスキル。相手の立場を尊重しながら、自分の意見もしっかり主張するという絶妙なコミュニケーションであり、自己尊重、他者尊重を両立するものである。

プロコーチのアドバイス
――認知で人の行動を変え、感情を変える

このタイプの人が部下となった場合、考えられる対応は「認知キャンペーン」です。

具体的には、日常の中で気づいた、**その人のいい点を徹底してポジティブにフィードバック**していきます。本人が「時間返せよ」と愚痴をいっているときでも、「Dさんは時間や効率を大事にするよね」「仕事の段取りがしっかりしているから、後工程の人は安心するだろうね」と言葉を返します。微妙ではありますが、ほめるわけではなく、共感するだけでもなく、事実をポジティブに伝えるのです。先の臨床心理士のアドバイスと同様に、**行動を強化する（よい行動を増やす）ことで感情を変えていく**作戦です。

また思い切ってその人の得意分野について、マネジャーの役割を権限委譲するという方法もあります。職場で不機嫌に振る舞うパターンに陥ると、不機嫌な自分を演じ続ける悪循環になりがちです。そうなると人は自力では抜け出せません。

現状の役割、立ち位置のままではパターンを変えづらいので、**新たな役割付与**で違う行動がとれないかを試してみましょう。

実践にあたって

不機嫌な感情を振りまくメンバーを認知し、問題行動を無視するなんて無理と思う方もいるでしょう。私（片岡）もそのひとりです。成果は出るのか？　また、周囲のメンバーがやる気を失ってしまうのではと不安になります。

一方で、やったことがないのでチャレンジしてみたいという好奇心も湧いてきました。これがマネジメントの引き出しづくりにつながるのです。

多くのマネジャーと関わる中で、「不安」が「好奇心」に変わった瞬間に、悩みから解放される姿を多く見てきました。**「そんなことできない！」というアドバイスには宝物や新たな景色が待っている**のです。

Case5

関係の溝が埋まらない〝年上部下〟

55歳のEさんは、営業として30年以上のキャリアを持つベテラン社員。また、マネジャーよりも現在の支店の経験が長く、当初はマネジャーもEさんを頼りにしていました。

しかし、しばらくするとEさんへのクレームが複数の顧客から届くようになりました。

Eさんいわく、顧客の勘違いと無理な条件提示をこちらが断ったことが原因だろうということでした。マネジャーとしてはもう少し詳しく事実関係を把握し、対応方法を考えたいのですが、Eさんは詳細を話してくれません。Eさんを越えて顧客にヒアリングすることもできず、本当は何が起こっているのかわからない状態です。

そもそもEさんは最低限の報連相しかしてくれない人でした。しっかり仕事をしてくれているとマネジャーは信じていますが、間を詰めようとしてもかわされるばかりといいます。これで実績が右肩上がりなら目をつむるところでしょうが、徐々に成績も下がってきています。細かい提出物などの期限も守らず、若手メンバーへの示しもつかない状態です。きつくいったところでいい方向に行く気もせず、マネジャーとしては、ほとほと困っています。

人事コンサルタントのアドバイス
――事実から逃げずに向き合う

年上の部下ということ、営業経験も支店在籍年数も長いということで、マネジャーも萎縮、遠慮しすぎていないでしょうか。クレームが発生しているのですから、しっかりと原因を洗い出す態度が必要です。**「仕事のマネジメント」**でこういう対応にとどまると、他のメンバーからいい加減なマネジャーというレッテルを貼られてしまいます。

一方で、**「人のマネジメント」**としては先輩メンバーEさんに丁寧に接してあげる必要があります。経験値があるとはいえ、いろいろと困っているかもしれません。①仕事やプライベートでの心理的な負担がないか、②能力的についていけなくなっていないか、③怠けていないかなどの視点から見ていきます。結果、怠けている場合でも、それは仕事への情熱やプライドを失っているということと捉え、そこを活性化させていく必要があります。

そういう前提でできることは2つです。1つ目は**本人と話す**、2つ目は**周囲にも確認する**、です。もし耳の痛いフィードバックをするのであれば事実を集める必要があります。

そのためだけではありませんが、多角的にEさんを捉えるためにもよく話を聞いてみるしかありません。そしていうべきこと、やるべきことから逃げないことが大切です。

臨床心理士のアドバイス
――まずはマネジャー自身が自分を落ち着けて向き合う

このままクレームが頻発すると、社内外に問題を抱え**マネジャーのストレスが高まる**状況になってしまうと思われます。しかもクレームの状況把握ができないのではストレスも高まるばかりです。

Eさんや顧客を意識する前に、自分の状態を落ち着けることを考えましょう。ちょっと深呼吸をしたり、少し外を歩くなどしたりして、ストレスをマネジメントすることを意識してください。よいアクションをとるにはマネジャー自身が精神的コンディションをよい状態にすることが大切です。

その上で、NVC（非暴力コミュニケーション）を意識して接していく必要があります。これはアメリカの臨床心理学者マーシャル・ローゼンバーグによって体系化、提唱されたコミュニケーションです。この場合であれば、マネジャー自身が自分が困っていることを具体的に挙げ、一緒に安心して働きたいから、15分でいいから状況共有の時間をとってほしいなどとEさんに伝えていきます。

ひょっとするとEさん本人もいろいろと困っているかもしれません。その辺りを探りながらEさんを**傷つけずに信頼関係を築く**ことがポイントになるでしょう。

キーワード解説

【NVC（Nonviolent Communication ＝非暴力コミュニケーション）】

1970年代に、アメリカの臨床心理学者マーシャル・ローゼンバーグによって体系化され、提唱されたコミュニケーション手法。頭で判断、分析、取引などをする代わりに、自分自身と相手の心の声に耳を傾けることから始まる。具体的には、観察、感情、ニーズ、リクエストの4要素に注目しながら、自身の内なる対話や、相手の言葉の奥の意図の推測、相手との対話を行う手法。

プロコーチのアドバイス
——回り道をせず、核心をつく

アドバイスはひと言です。回り道をせず、核心をつくコミュニケーションにチャレンジしてみてください。

Eさんは何かを隠していて、このままではマズいことに本人も気づいているように見えます。こうした場合、**ステップを踏んだやり取りは警戒心を高めるだけ**です。さらに、自分がこのままではいけないとうすうす気づいていながら、自分で気づかないように蓋をしていることも考えられます。何かを隠そうとしている人に気づかせようとしても、防御反応が強くなるだけです。

相手が必死に隠そうとしていること、取り繕おうとしていることをズバリ指摘しましょう。たとえばストレートに、

「何を隠しているんですか」
「何を恐れているんですか」
「隠し続けますか」

といった指摘でもいいのです。

そこで相手の心が動き、ドキッとすれば何かが変わる可能性があります。少し難易度が高いかもしれませんが、寄り添うだけでなく核心をつくことからも逃げないでください。

実践にあたって

このケースも三者三様のアドバイスとなりました。繰り返しになりますが、マネジメントに正解はなく、皆さんの特性と相手の特性、そしてお互いの関係性という3つの要素で決まります。最後のアドバイスでは「思い切って核心をつきましょう」といっていますが、それで関係性が終わってしまうかもしれません。ですが、いったん終わっても、そこからどうしていくかがマネジメントです。

正解はないのですから、自分がとった行動を正解にしていくしかありません。あきらめたら終わりですし、打ち手は何通りでもあります。どうしていいかわからない場合は、同じ立場のマネジャーにアドバイスをもらったらどうでしょうか。

正解がない代わりに、**メンバーへのアプローチ方法は無限にある**ことに気づいていただければ幸いです。

巻末資料

「キャリアの目的」を探求する２つの方法

マネジャーも体感すると効果大

本書の最後にキャリアの目的を探求する具体的な方法をご紹介します。

第2章の「キャリアの目的対話」の段階②で説明した「自分の過去の出来事から、価値観を探求する」方法、「さまざまな角度から質問をして、特徴を探る」方法です。

読むだけでなく、**ご自身のキャリアの目的も一緒に探求**してみてください。体感することで、メンバーとの対話のポイントがより見えてくると思います。

メンバーと実施するのが難しいと感じる方も、ここにある質問などを**休憩時間やランチタイム、飲みの場などの会話で、さりげなく聞く**ことで、メンバーの探求を支援することができます。

方法① 自分の過去の出来事から、価値観を探求する

皆さんは自分が大切にしている価値観は何でしょうか？　いつ頃から、そのように思う

ようになったのでしょうか？

人の価値観は、幼い頃からこれまで育ってきた過程の中で培われます。このことから、価値観を探求する方法として、自分の歴史を丁寧に振り返ること、自分の感情が大きく動いた経験を振り返ることが有用だといわれています。

ここでは振り返りの手法として**「自分史グラフ」**を作成します。

自分の歴史の振り返り方はさまざまありますが、自分史グラフをつくることのメリットには、自分の変遷をビジュアルで見ることができる、人生全体を俯瞰しやすい、などがあります。また、メンバーと対話をする際に、お互いに理解しやすく、対話が弾みやすいという点でもおすすめです。

過去、キャリア研修などで作成した経験がある方もいるかもしれませんが、この機会に改めて作成してみましょう。**管理職になってから振り返る**ことで、新たな発見があるかもしれません。

なお、プライバシーに関わることも含まれるため、組織のルールに則し、個人情報保護やハラスメントに留意してできる範囲で実践してみてください。

自分史グラフの記入法

①今までの人生において充実感が高かった（晴れ）ときと低かった（雨）ときを、時系列で「自分史グラフ」（図巻末－1）に書き込んでいきます。ある程度継続していた期間（日や週単位ではなく、月や年単位で）を振り返ってください。図巻末－2は記入例です。

②記入に際しては、そのときどのようなことがあったのか、その経験が「自分の考え方や行動にどのように影響を与えたのか」を考えながら丁寧に振り返ります。

③次に自分史の中で印象深い2つの経験（イキイキ・ワクワク体験／苦しみ、悲しみ体験）を思い出し、「価値観選択シート」（図巻末－3）に書き出します。

④　③の体験を踏まえて、図巻末－3の価値観を表す言葉を参考に、あなたにとってもっとも重要な言葉を5つ選び「私の価値観」欄に記入します（表以外の言葉でも構いません）。

図巻末-1 過去の出来事から価値観を探求する「自分史グラフ」

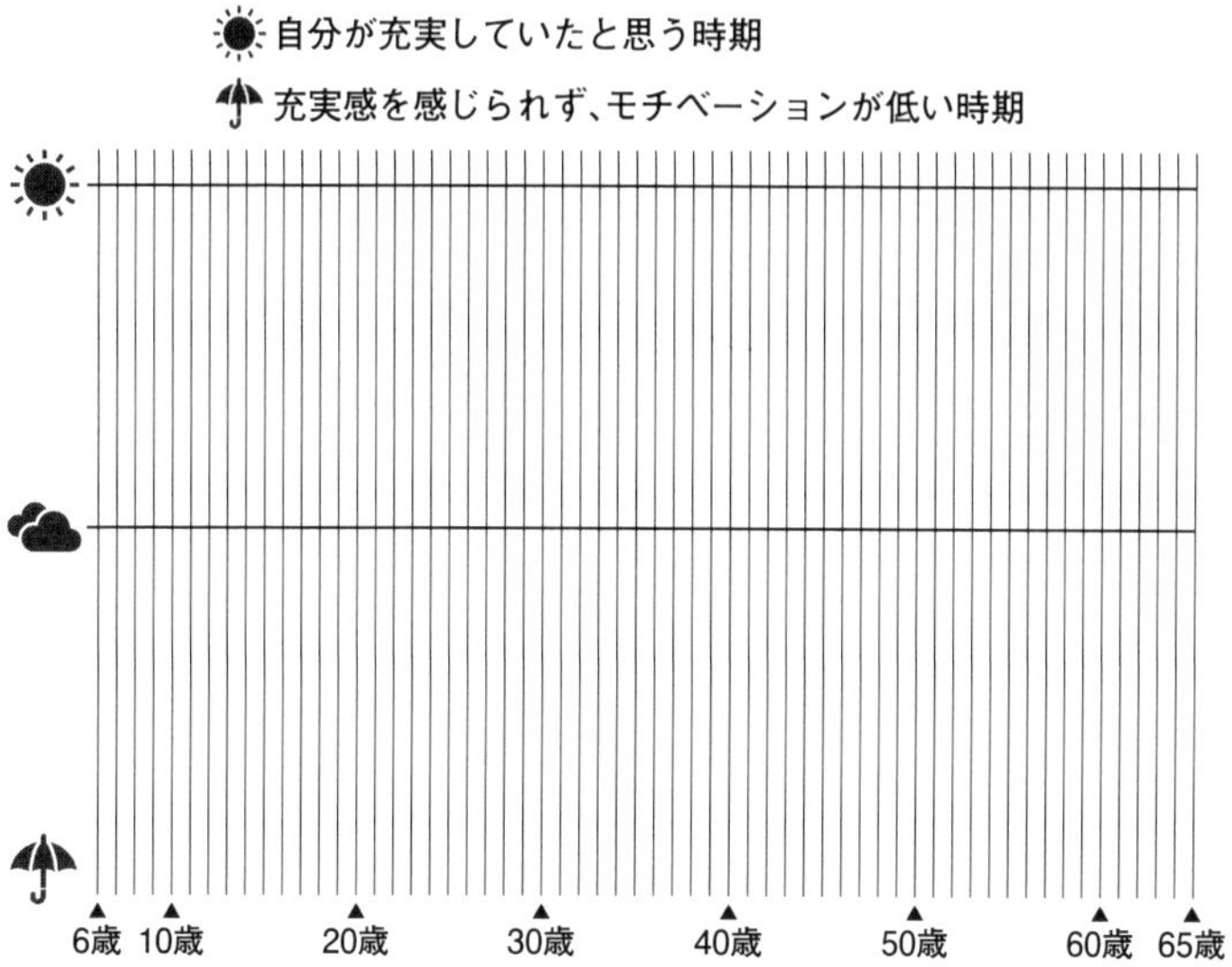

図巻末-2

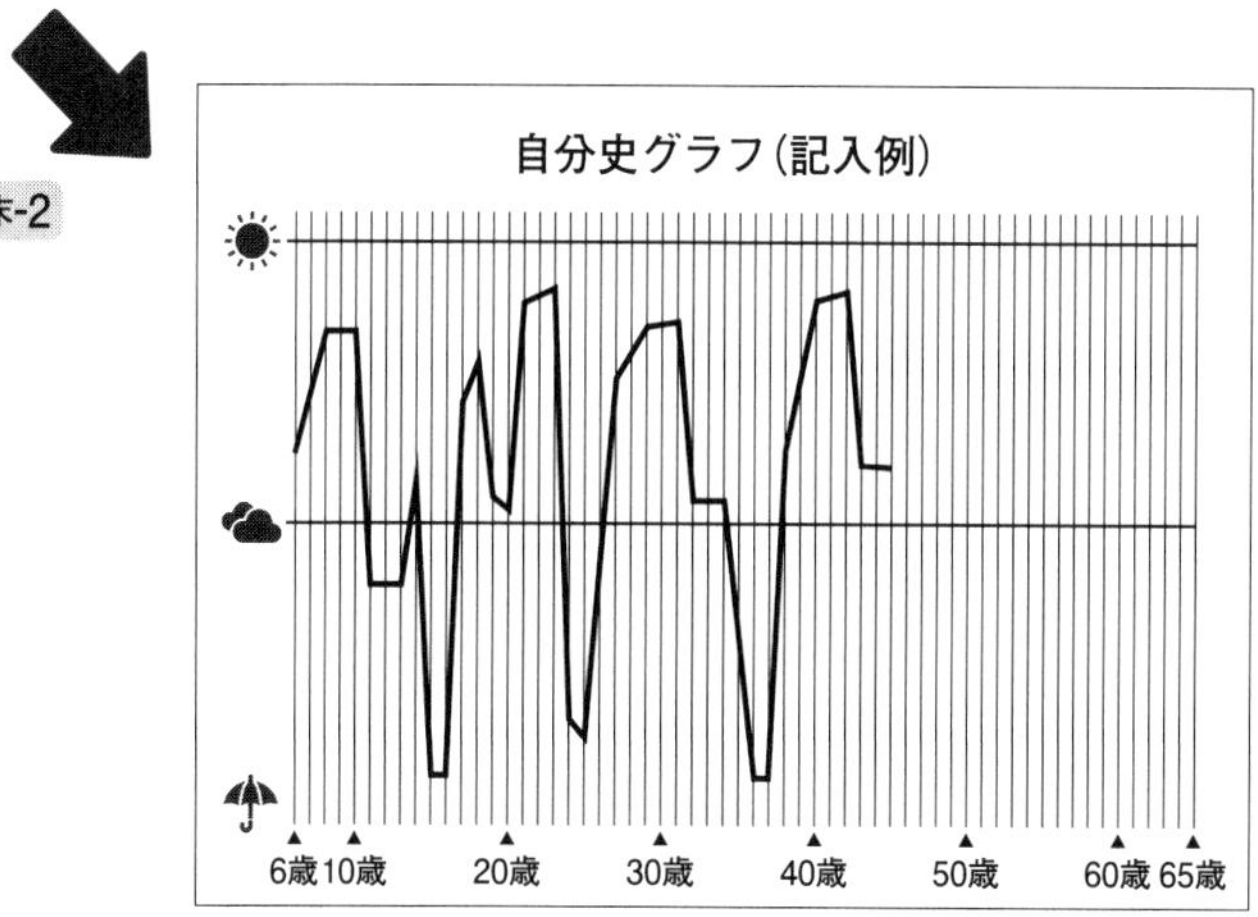

図巻末-3　原体験から価値観を探る「価値観選択シート」

価値観は自分の中の強烈な体験（人生に影響を与えた出来事）が
大きく影響しています。ここでは、自らの原体験を振り返ってみましょう

【イキイキ・ワクワク体験】	【苦しみ、悲しみ体験】
人生でもっとも充実していた体験を思い出して、書き出してみてください。その体験は、あなたのどんな価値観を充足させるものなのでしょうか	人生で苦しかったな、悲しかったなと感じた体験を思い出して、書き出してみてください。その体験から見えてくるあなたの価値観は何でしょうか

好奇心	向上心	自立	創造性	挑戦・冒険	能力発揮
面白さ・楽しさ	情熱	正義	合理性	効率性	平等・公正
寛大	利他	支援	協力	仲間	家族
正直	健全	謙虚	自律	自由	裁量
気配り	喜び	つながり	意味・意義	自己決定	安心・安全
信頼	礼儀正しさ	寛容さ	希望	敬意	誇り・プライド
社会性	一貫性	精神性	達成・成功	責任	帰属感
富	地位・名声	健康	平和・平穏	愛情	認め合う

【私の価値観】

上記の体験を踏まえて、上表の価値観を表す言葉を参考に、あなたにとってもっとも重要な言葉を5つ選んでください。＊表以外の言葉でも構いません

方法② さまざまな角度から質問をして、自分の特徴を探る

さまざまな角度から自分に質問をしてみて、楽しみながら探求していく方法です。自分にはどのような特徴があって、どのようなことを考えているかを知ることが、キャリアの目的を見つけることにつながっていくのです。なお、このメソッドは『「目標が持てない時代」のキャリアデザイン』でも紹介しているものです。

自分の特徴を探る質問法

①「質問に答えることで自分を探るシート1」（図巻末－4－1）の質問に答えながら、さまざまな角度から自己探求をしていきます。掲載した回答例も参考にしてください。

②次に、答えた内容について「なぜ、この質問を選んだのだろう？」「なぜ、その答えが出てきたんだろう？」「何を期待しているのだろう？」といった切り口で深掘りしながら、あなたが大切だと思うキーワード、キーフレーズを考えてみてください（図巻末－4－2）。

夢から考える		
	質問	回答例
⑮	もし、誰にでも会えるとしたら、 誰に会いたいですか？	受容してくれる人、ドラえもん、 坂本龍馬、恩師
⑯	「お金をもらえばやること」「無償でもやること」 「お金を払ってでもやりたいこと」のうち 「お金を払ってでもやりたいこと」は何ですか？	お悩み相談を受ける
⑰	あなたがこれからの人生を豊かにするために、 1つだけ何でも手に入れられるとしたら、 何にしますか？	自己効力感、サバティカル休暇
⑱	あなたがやり始めたことによって、 3年後にある人たちから感謝されました。 あなたは何を始めたのでしょうか？	居場所づくり
⑲	タイムマシンで、すごく充実している10年後の あなたに会ってきました。 あなたは何をしていたのでしょうか？	仲間と語り合っていた
⑳	宝くじが当たり10億円を手にしました。経済的な 制約から解放されたあなたは何をしたいですか？	日本中を旅する、人助け
㉑	5000万人いるあなたのSNSフォロワーに、 あなたのひと言で大きな影響を与えられると したら、何を伝えますか？	「鎧を脱ごう」「ゆっくり生きよう」

違う視点から考える		
	質問	回答例
㉒	タイムマシンで、過去のある時点から人生を やり直すことができるとしたら、 いつに戻りますか？ それはなぜですか？	中学時代／同調していた
㉓	仲のよい友人から「あなたは○○な人だ」と いわれました。なんといわれたのでしょうか？	「周囲とバランスを取る人」
㉔	苦手な人から「あなたは○○な人だ」と いわれました。なんといわれたのでしょうか？	「八方美人な人」
㉕	親からいわれそうなことで、 耳をふさぎたくなる言葉は何ですか？	「あなたは、いざというときに 弱いから」
㉖	「あと1年」と余命宣告されました。 あなたは何をしますか？ 何をやめますか？	（すること）いろんな人に会う
㉗	死ぬ間際の枕元に立ちました。自分が自分に 話しかけています。なんといっていますか？	「難しかったけど、楽しめたね」
㉘	あなたは次の世代に何を残したいですか？	自分らしくいられる社会

図巻末-4-1 質問に答えることで自分を探るシート1（回答例つき）

1 次の質問から気になったものを3〜5つ選んで答えてみましょう。
質問に答えることで自分が見えてきます

日常から考える		
	質問	回答例
①	あなたがずっと好きでいるものは何ですか？	旅行、ひとりの時間、映画、数独
②	あなたのお気に入りの習慣・癖・パターンは何ですか？	週末のひとり時間、計画しない
③	これまでの習慣・癖・パターンを1つやめるとしたら何ですか？	他の仕事が気になり始めて、それをやり始める
④	気になるニュースやTV番組などを5つ挙げてください。その共通点は何ですか？	（共通点）人の生い立ちを知る
⑤	どんな独り言を言っていますか？（声に出していなくてもOKです）	「大丈夫かな」「何とかなる」「ちょっと落ち着こう」
⑥	あなたは、どのようにして自分の時間を確保していますか？	家族がそれぞれ自分のことをやる時間を統一する
⑦	あなたがこの10年で手に入れた／購入したものやサービスであなたにとってもっとも価値があると思うものやサービスは何ですか？	○○の資格、本、ひとり海外旅行

感情から考える		
	質問	回答例
⑧	あなたが一番感謝している人、感謝していることは何ですか？	前職の先輩。自己投資する価値を教えてくれた
⑨	どうしても好きになれないもの、理解できないものは何ですか？	ミュージカル、初顔合わせ、自分
⑩	最近3年間にやったことで、気乗りしなかったものは何ですか？	マンションの理事、業界団体のパーティーへの参加
⑪	最近3年間で、面白そうと思ったものを3つ挙げてください。面白いと感じる共通点は何ですか？	（共通点）少人数でじっくり話す
⑫	あなたがやり始めたら止まらないことは何ですか？	数独、パワポの資料作成、SNS
⑬	あなたがこれまでの人生でしてきた選択で、一番インパクトのあるものは何ですか？	転職
⑭	これまででもっとも充実していると感じた時間は、どんな時間でしたか？他の時間と何が違いますか？	（違い）お互いが受容している感覚

図巻末-4-2 質問に答えることで自分を探るシート2(回答例)

2 「質問に答えることで自分を探るシート1」で答えた内容について、「なぜ、この質問を選んだのだろう？」「なぜ、その答えが出てきたんだろう？」「そう答えた自分の特徴は何だろう？」「何を期待しているのだろう？」といった切り口で深掘りしながら、あなたが大切だと思うキーワード、キーフレーズを考えてみてください

※気になる質問は選んだけれど、なかなか答えられなかった方もいると思います。そんな方は「この質問に答えられない自分はどんな自分なんだろう」と考えてみるといいでしょう。何かの感情に蓋をしている、周囲の目を気にしているなど、思わぬ自分が見つかるかもしれません

【キーワード、キーフレーズ】
ひとり時間、受容、仲間、居場所、自分らしく、初顔合わせが苦手、語らい、
ゆっくり生きよう、少人数、生い立ち、悩み相談、大丈夫かな、いざというときに弱い。

→ 悩みを吐露して、それをみんなが受容して、自分を取り戻す(自分らしく)。
相互受容→安心感

→ 自分の自己肯定感の低さの裏返し(受容してほしいという願い)

3 キーワード、キーフレーズから見えてくる自分を表現してみるために、以下の(　)内に入る言葉を考えてみてください。すべてを埋める必要はありません。また、以下の文章以外にも、自分で表現してみるのもいいでしょう

質問	(　　)の回答例
私は(　　)することがうれしい人間です	(ホッとする場所で誰かと話を)
私は(　　)ということに怒り、義憤を感じる人間です	(自信のなさを否定する)
私は周囲と(　　)という関係をつくりたい人間です	(肩ひじ張らずにゆったりとした時間を過ごせる)
私は私が関わるコミュニティ(職場や地域、趣味の集まりなど、仲間が集まる場)が(　　)という状態にあることがうれしいです	(悩みがとけていく、自己受容が進む)
私は社会が(　　)という状態にあることがうれしいです	(平和で、利他的で、心休まる、調和のとれた)

4 社会、周囲、自分が笑顔になり、調和がとれた状態になっていくために自分はどのような存在でありたいですか。以下の文章でまとめてみましょう

私のキャリアの目的は、人の心に温もりをもたらすする存在であることです

ここでご紹介した2つの方法を実施することで、よりキャリアの目的が探求しやすくなり、メンバーとの対話を通じて相互理解が深まります。また、**同じ方向を向いているという感覚も生まれ、心理的安全性が醸成**されていきます。

実践にあたっては皆さんが取り組みやすいものを選んで、まずは行っていただければと思います。

また、メンバーに声がけをする際、少しハードルを感じるかもしれませんが、「自分もやってみたけど、よかったよ」「〇〇さんのキャリアを考えるいい機会だから、一緒にやってみない？」と伝えてあげてください。

おわりに◎人財育成が楽しくなるように

最後まで本書をお読みいただき、ありがとうございます。

皆さんには、「この人のおかげで成長できた」と思い浮かぶ人はいますか？　私自身、前職のアサヒビール時代から現在に至るまで、さまざまな人との出会いの中で成長させていただきました。自分の「持ち味」を認めてくれた上司、チャレンジングな環境をつくってくれた上司、苦しいときに心の支えになってくれた同僚、時に厳しいフィードバックをくれた上司や先輩などに、感謝の気持ちでいっぱいです。

「人は人との関係性の中で成長する」

このような思いから、コンサルタントとして16年間、マネジャーの人財育成、メンバーの成長支援に取り組んできました。

人と向き合い、人の成長に関わることは、本当に大変なことだと思います。

でも、大変だからこそ、多くのものを得ることができ、**相手のためになるだけでなく、自身の人生が豊かになる**ものだと感じています。

本書をきっかけに、「育つ力」を持つメンバーが増えていくこと、そして、その過程を通じてマネジャーの皆さんも共に成長し、「人を育てることが楽しい」と感じることができれば幸いです。


最後に、本書の執筆にあたり多くの方にご支援をいただきました。

向き合うことが難しいメンバーとの関わりに多くの知見をくれたジェイフィールの北村祐三さん、青木美帆さん、本書の内容をつくり上げる過程で一緒にコンサルティング活動に取り組んできたジェイフィールの仲間たち、出版に向けて伴走いただいた編集者の酒井圭子さん、そして、執筆を心より応援してくれた妻や子供たちに、改めて御礼申し上げます。

本当にありがとうございました。

２０２４年10月

山中健司

主要参考文献

金井壽宏『働くひとのためのキャリア・デザイン』PHP 新書（2002）

速水敏彦『内発的動機づけと自律的動機づけ』金子書房（2019）

伊丹敬之『なぜ戦略の落とし穴にはまるのか』日本経済新聞出版（2018）

田坂広志『成長し続けるための77の言葉』PHP 研究所（2010）

高橋俊介『21世紀のキャリア論』東洋経済新報社（2012）

リンダ・グラットン、アンドリュー・スコット『LIFE SHIFT』東洋経済新報社（2016）

アンドリュー・スコット、リンダ・グラットン『LIFE SHIFT2　100年時代の行動戦略』東洋経済新報社（2021）

デイビッド・C・マクレランド『モチベーション：「達成・パワー・親和・回避」動機の理論と実際』日本生産性本部（2005）

エイミー・C・エドモンドソン『チームが機能するとはどういうことか』英治出版（2014）

エイミー・C・エドモンドソン『恐れのない組織』英治出版（2021）

片岡裕司、阿由葉隆、北村祐三『「目標が持てない時代」のキャリアデザイン』日本経済新聞出版（2021）

高垣忠一郎『生きづらい時代と自己肯定感』新日本出版社（2015）

内閣府『平成26年版 子ども・若者白書』（2014）

P・F・ドラッカー『明日を支配するもの』ダイヤモンド社（1999）

高尾義明『「ジョブ・クラフティング」で始めよう 働きがい改革・自分発！』日本生産性本部、生産性労働情報センター（2021）

アルバート・バンデューラ編『激動社会の中の自己効力』金子書房（1997）

中原淳『フィードバック入門』PHPビジネス新書（2017）

J・D・クランボルツ、A・S・レヴィン『その幸運は偶然ではないんです！』ダイヤモンド社（2005）

村中直人『〈叱る依存〉がとまらない』紀伊國屋書店（2022）

マーシャル・B・ローゼンバーグ『NVC 人と人との関係にいのちを吹き込む法 新版』日本経済新聞出版（2018）

堀内泰利、岡田昌毅「キャリア自律が組織コミットメントに与える影響」産業・組織心理学会『産業・組織心理学研究』（2009年、第23巻第1号）

パーソル総合研究所「ジョブ型人事制度に関する企業実態調査」（2021年6月25日）

【著者略歴】

片岡裕司（かたおか・ゆうじ）

株式会社ジェイフィール 代表取締役コンサルタント、多摩大学大学院客員教授、日本女子大学非常勤講師、一般社団法人 Future Center Alliance Japan 理事

アサヒビール株式会社、同社関連会社でのコンサルティング経験を経て独立。ジェイフィール社立ち上げに参画し現在に至る。組織変革プロジェクトやマネジメント層向けの研修講師を担当。著書に『なんとかしたい！「ベテラン社員」がイキイキ動き出すマネジメント』（日本経済新聞出版）、共著に『「目標が持てない時代」のキャリアデザイン』『週イチ・30分の習慣でよみがえる職場』（いずれも日本経済新聞出版）などがある。

山中健司（やまなか・けんじ）

株式会社ジェイフィール　コンサルタント

アサヒビール株式会社、同社関連会社のコンサルティング部門を経てジェイフィール社に参画。組織風土改革の企画・運営やワークショップのファシリテーション、マネジメント層向けの研修講師など、数多くのプロジェクトを担当。

組織風土改革では「一人ひとりの可能性を引き出す組織づくり」の支援を中心に取り組んでいる。他、共育型 OJT をはじめとするプログラム開発や映像ツールの開発等も担当。

多摩大学大学院博士課程前期修了（MBA）。

株式会社ジェイフィール

「感情」と「つながり」を鍵として捉え、人と組織の変革を支援するコンサルティング会社。コンサルティングや研修実施を通じ組織開発、組織変革の実現をサポートする。
https://www.j-feel.jp/

なぜ部下は不安で不満で無関心なのか
メンバーの「育つ力」を育てるマネジメント

2024年11月13日　1版1刷

著　者　片岡裕司、山中健司

発行者　中川ヒロミ
発　行　株式会社日経BP
日本経済新聞出版
発　売　株式会社日経BPマーケティング
〒105-8308　東京都港区虎ノ門4-3-12
印刷・製本　シナノ印刷
ISBN978-4-296-12033-8